汉字解密

夏长

《汉字解密》栏目组◎编著

长江出版传媒 | 长江文艺出版社

图书在版编目（C I P）数据

汉字解密. 夏长 / 《汉字解密》栏目组编著. -- 武汉：长江文艺出版社，2020.1
ISBN 978-7-5702-1056-5

Ⅰ. ①汉… Ⅱ. ①汉… Ⅲ. ①汉字－青少年读物 Ⅳ. ①H12-49

中国版本图书馆 CIP 数据核字(2019)第 112450 号

责任编辑：钱梦洁　梅若冰　汤云松　　责任校对：毛　娟
整体设计：一壹图书　　责任印制：邱　莉　胡丽平

出版：长江出版传媒 | 长江文艺出版社
地址：武汉市雄楚大街 268 号　　邮编：430070
发行：长江文艺出版社
http://www.cjlap.com
印刷：湖北新华印务有限公司

开本：720 毫米×1020 毫米　1/16　印张：9.75
版次：2020 年 1 月第 1 版　2020 年 1 月第 1 次印刷

定价：30.00 元

序

得知《汉字解密》丛书的出版，我高兴且欣慰，也充满感慨。在我的童年里，一切都是匮乏的。在那个年代，对于男孩子来说，只有几种小游戏，以及母亲、外婆的陪伴，是温暖的。此外，我只能找到有限的书籍来丰富我的心灵。那时，没有淘宝，没有网上商城，没有电视节目和手机 App。我如饥似渴地阅读我能找到的一切书籍。为了买书，9 岁的我到江边码头拖板车，赚到的钱，还舍不得买一杯路边的凉茶，全部用来买书了。如今的孩子们已经坐拥书城，有时我想，如果我是现在的孩子，一切知识的获得都那么方便，我还会不会拥有对于书籍的热爱、对于文学的热爱，成为一个作家？

我也不知道答案是什么。一切都无法重来。然而肯定的是，我将有可能更早更多地阅读不同的书籍。如果儿时的我看到这套《汉字解密》，或许我将对中国文化、文学产生更为浓厚的兴趣和爱，或许我会成为一个研究中国文化的学者，或许我将更早地走上文学这条路。

因此，《汉字解密》丛书的出版在今天具有非凡的意义。或许，会有一对父母将它作为生日礼物送给孩子，由此，便在这个孩子的心灵里种下一颗文学的种子，成为未来的作家；或许，会有一个高中生将产生对中国文化的热爱，将高考志愿改为中文系，成为未来的教授和学者；或许，它会让更多的外国人爱上中国，爱上中文，中国由此将拥有更多的朋友，未来将更为辉煌。

是的，在今天，《汉字解密》丛书的出版是非常必要和及时的。它向人们重新展示汉字的美，揭开汉字产生和发展的秘密，讲述汉字里蕴藏的故事。更为重要的是，这套书的阅读是轻松而愉快的。它分为“春”“夏”“秋”“冬”四个主题，阅读起来趣味十足，就像童年时妈妈给你讲的睡前故事。每个汉字包括了从甲骨文、金文、小篆、隶书到楷书的形体演变过程，让读者了解现代字形的来历；详细分析了字的形体和字的意义的关系；以字为核心，串联了相关的文化知识，深入挖掘了汉字深厚的文化内涵。同时，还选取了与解读汉字关联性较强的诗词经典，通过分析该字在诗词中的意义，进而对整首诗词进行赏析。

这套丛书就像是江汉平原的稻田，平凡、质朴，又不可或缺，就像出生之后妈妈的乳汁，滋养着你，让你长大，收获爱与温暖，成为一个大写的有情怀的人。希望这套《汉字解密》丛书成为你最愉悦的陪伴。

是为序。

著名儿童文学作家　董宏猷

目录

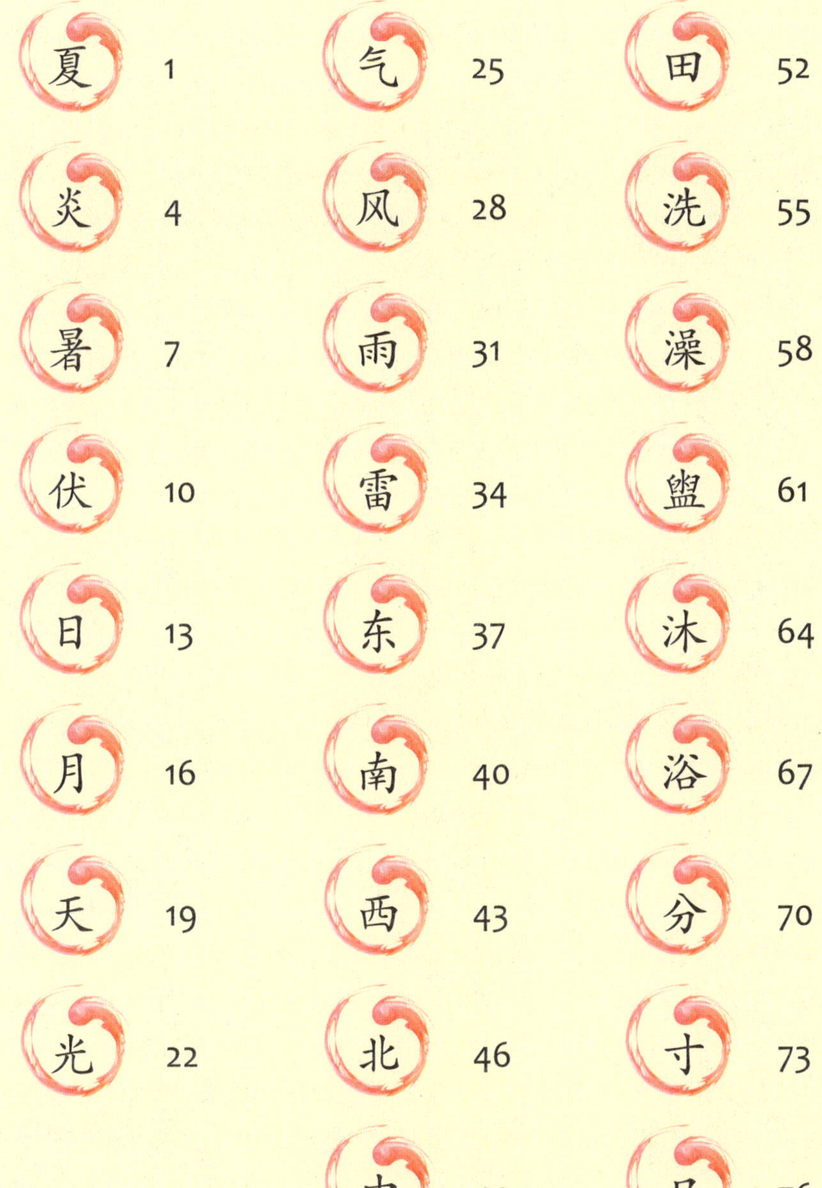

夏

甲骨文的『夏』字看着就很热，猜猜看里面都画了什么？

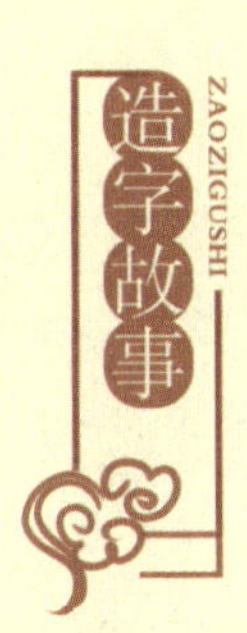

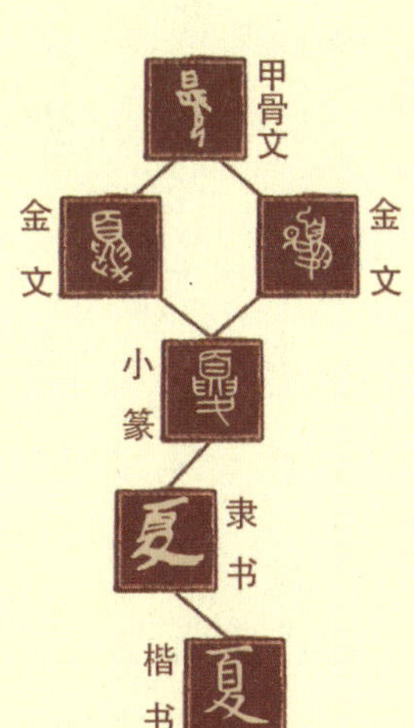

甲骨文中的“夏”字上面部分是日，下面是个侧面的人形，整个字像一个人侧身跪在太阳下面。它是一个会意字，表示夏季。意思是在夏天时，太阳悬在高空，人们在太阳下活动，感觉非常炎热。

金文中的“夏”，

人的形状更为细致，但有的形体省去了“日”符。小篆中“夏”的字形基本承续了金文的字形，上面部分是“页”，下面部分是“夂”，中间左右两只手合起来的部件读作jū，同样也没有“日”符。后来汉字发生隶变，小篆中的两只手被简省，只留下“页”和“夂”两个部件，也就是头和脚，“夏”字也就定型了，与我们现在的写法基本一致。

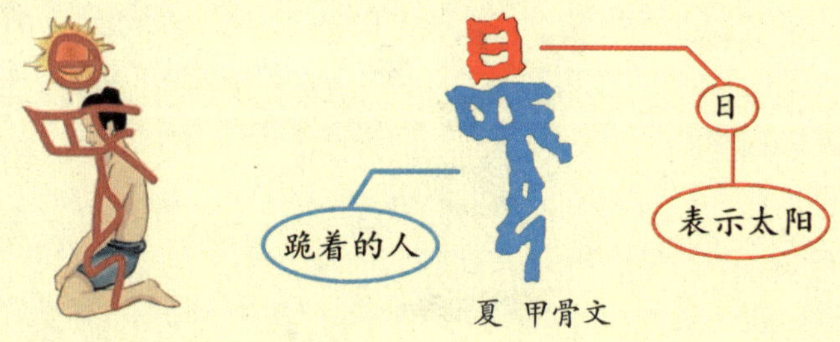

夏 甲骨文

万物在春天萌发，到了夏季就长得很大很繁茂了，由此“夏”字可引申出“大”的意思。《尚书》孔安国注：“冕服采装曰华，大国曰夏。”意思就是穿的衣服、戴的帽子很漂亮很美丽叫做“华”，国家很大很发达就叫“夏”。周代把我国第一个朝代就称为夏朝。许慎在《说文解字》中说：“夏，中

国之人也。”这里的“中国”不是说我们现在的国家名称，而是指国土中央，即中原地区。中原是我们华夏文明的发源地，中原地区相对于周边部族来说生产力更发达，文明程度更先进，因而我们的祖先一直认为自己是大国，居于世界的中央，称自己夏。现在我们说华夏就是从这个意义而来。

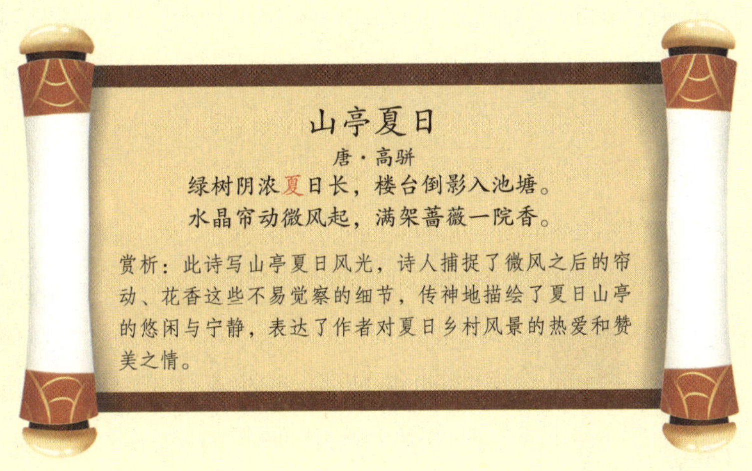

山亭夏日

唐·高骈

绿树阴浓夏日长，楼台倒影入池塘。
水晶帘动微风起，满架蔷薇一院香。

赏析：此诗写山亭夏日风光，诗人捕捉了微风之后的帘动、花香这些不易觉察的细节，传神地描绘了夏日山亭的悠闲与宁静，表达了作者对夏日乡村风景的热爱和赞美之情。

【主讲人：陈练文 武汉大学文学院 讲师】

炎

中国人为什么喜欢称自己为『炎黄子孙』？

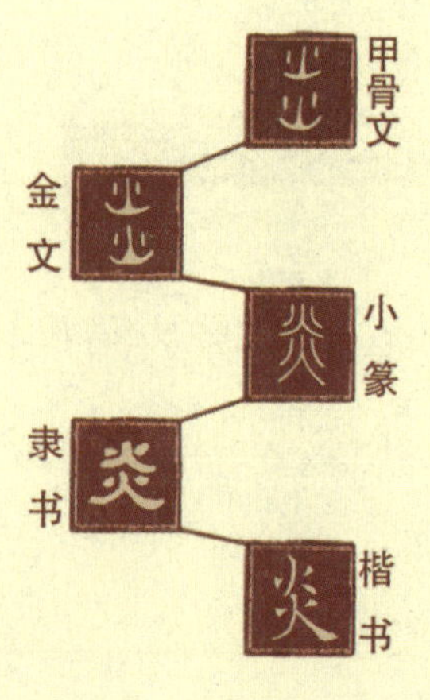

甲骨文的“炎”是一个会意字，由上下两个“火”字叠加在一起组成。“火”是个象形字，就像一团正在燃烧升腾的火焰，两个“火”叠加起来，当然燃烧更为猛烈，所以它的本义就是大火。

金文的“炎”字承续

了甲骨文字形，但是由于书写载体的不同，金文“炎”字的火苗形状更加饱满。

到了秦朝，小篆的“炎”已经抽象化，线条规整，形体也更美观。隶书和楷书进一步符号化。

炎 甲骨文

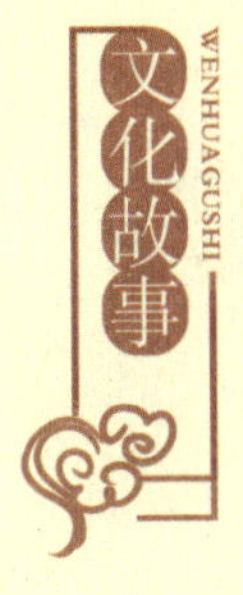

“炎黄”的“炎”是不是和火有关呢？传说炎帝就是神农氏，以火为德，他的部下就称他为炎；黄帝属土德，土地呢，又是黄色的，他就被称为黄了，炎黄二帝就这样得名。其实，炎帝和黄帝时期可能正处于原始社会从畜牧业向农业转型的阶段，原本人们猎取动物，采集野果以填饱肚子，后来大家学会栽培植物了，就不用到处跑来跑去，开始定居在某个地方。他们把草、树割掉砍掉，放火

皇帝

焚烧山林，烧得的灰烬用来做肥料，开始了原始的农业生活。这个“炎”字大概正好体现了当时人们对火的崇拜和重视，所以把他们的部落首领命名为“炎”。黄帝大约是当时大力发展农业生产的部落首领，他注重农耕，观察天文，制定历法，力求让山川土地多产粮食，养活更多的人。他最后成为农业社会的强者，甚至打败了炎帝的部落，统一了周边地区，成为华夏民族的始祖，人们以土地的颜色尊称他为黄帝，也是有一定道理的。由于炎帝和皇帝在华夏文明史上的重要作用，后世的人们就自称为炎黄子孙。

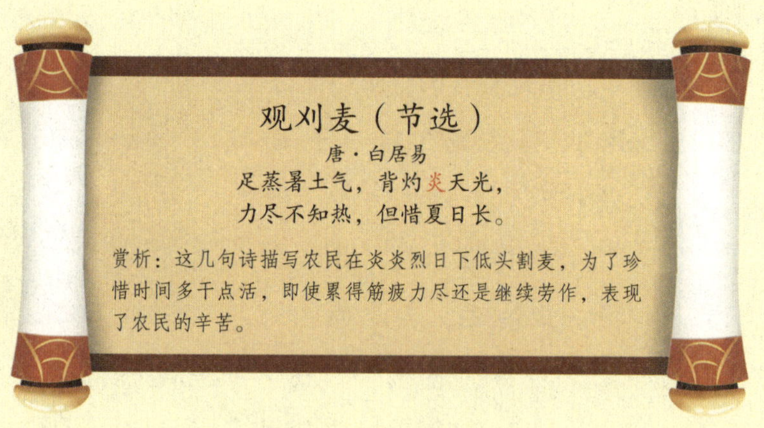

观刈麦（节选）

唐·白居易

足蒸暑土气，背灼炎天光，
力尽不知热，但惜夏日长。

赏析：这几句诗描写农民在炎炎烈日下低头割麦，为了珍惜时间多干点活，即使累得筋疲力尽还是继续劳作，表现了农民的辛苦。

【主讲人：陈练文 武汉大学文学院 讲师】

暑

你知道『暑』和『热』的差别吗？

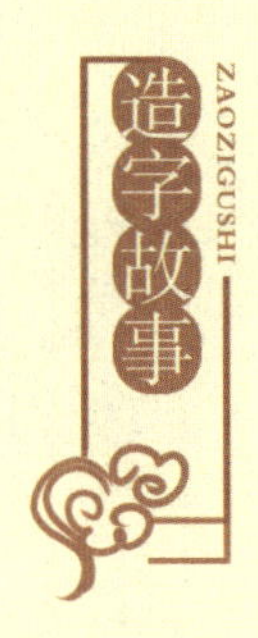

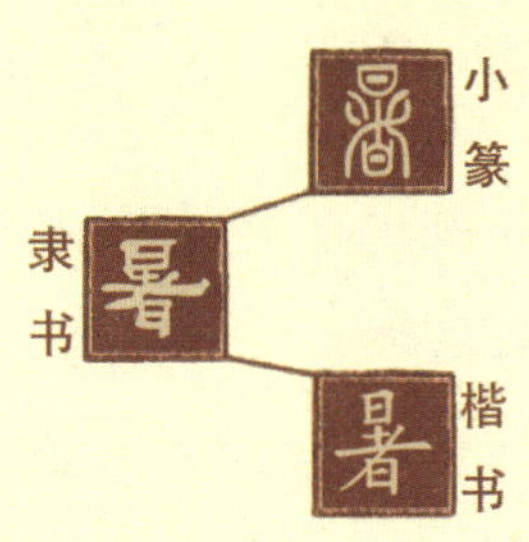

“暑”是一个形声字，出现的时间比较晚，甲骨文和金文中都没有。《说文解字》说：“暑，热也，从日者声。”小篆字形上面是一个“日”，表示太阳当头，炙烤大地，下面这一块像是口上面一棵树的形状，这是“者”

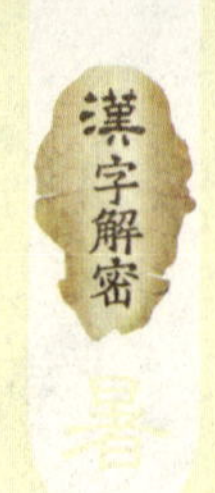

字的古代形体。但这个“者”和“暑”的意义没什么关系，它只表读音。也有人认为“者”在这里是“煮”的省形，表示热得像水煮一样。总之，“暑”的本义就是表示炎热，而炎热的气候也就叫“暑”了。

隶书和楷书中，“暑”字下面的部件“者”进一步线条化和符号化，就成了我们现在见到的“暑”字。

暑 小篆

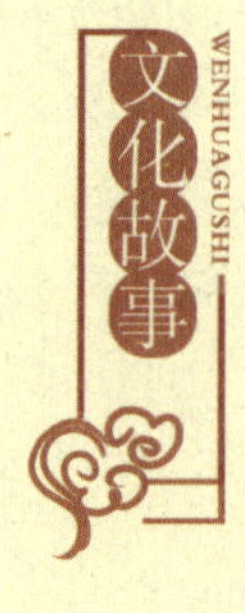

我国的二十四节气中，暑占了重要的位置，以暑字命名的节气就有三个：大暑、小暑分别是夏季的第五、六个节气，处暑是秋天的第二个节气。大暑、小暑时节正是一年中最热的时候，处暑则表示暑气开始消退，秋天快要来临了。为什么节气以暑命名呢？因为它和热还不完全一样。段玉裁的《说文解字注》里面说：“暑之义主谓湿，热之义主谓燥，故溽暑谓湿暑也。”这个热是燥热，热字底下那四点是火字的变形，火在下烤，上面的物体水分蒸发、温度升高，当然又热又燥；暑呢，是湿热。《释名》里说：“暑，煮也，如水煮物也。”意思是暑和煮同源，暑就像把东西放在水里煮一样。南方夏天不仅气温高，而且湿度大，就比如武汉，白天晚上都感觉又热又闷，走到外面就像待在蒸笼里，比北方同样温度下的城市更让人难以忍受。

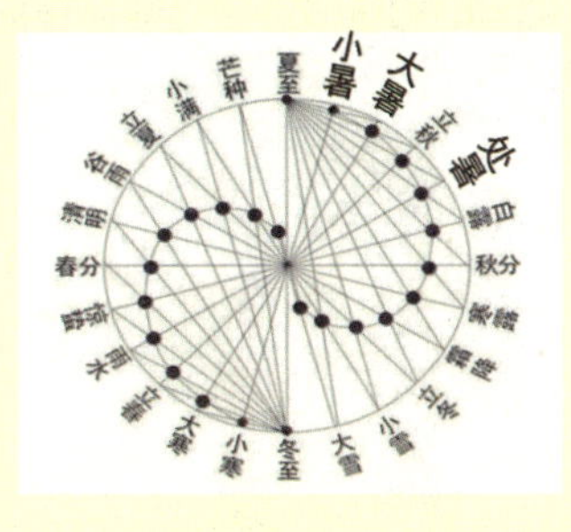

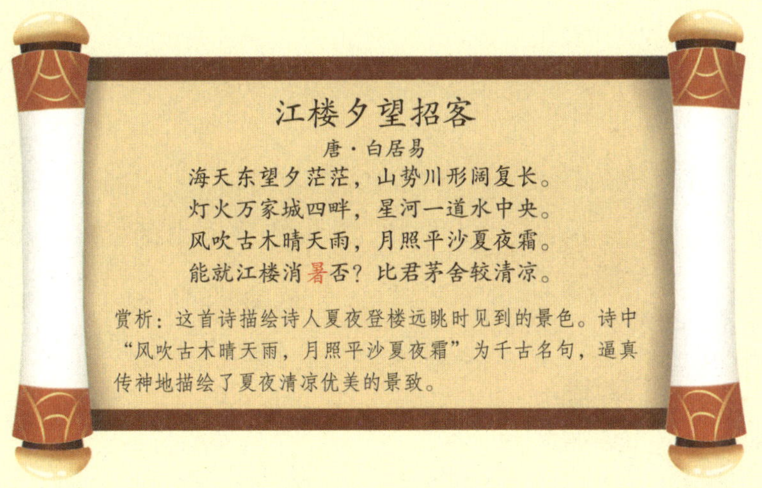

江楼夕望招客

唐·白居易

海天东望夕茫茫，山势川形阔复长。
灯火万家城四畔，星河一道水中央。
风吹古木晴天雨，月照平沙夏夜霜。
能就江楼消暑否？比君茅舍较清凉。

赏析：这首诗描绘诗人夏夜登楼远眺时见到的景色。诗中“风吹古木晴天雨，月照平沙夏夜霜”为千古名句，逼真传神地描绘了夏夜清凉优美的景致。

【主讲人：陈练文 武汉大学文学院 讲师】

伏

夏天为什么又叫『三伏天』？

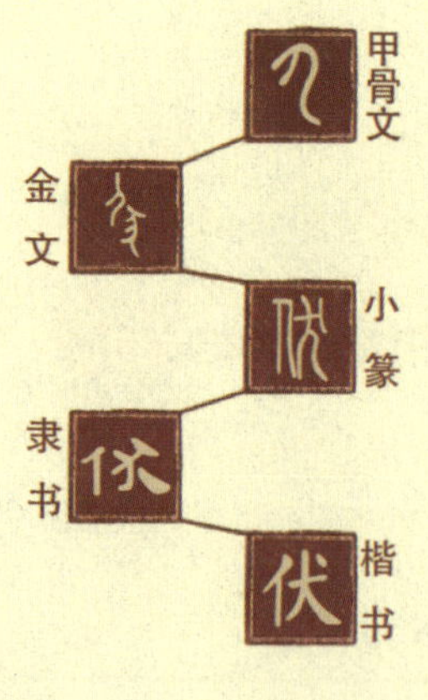

“伏”在甲骨文中的字形像一个低着头弯着腰的人形。这个字一开始和夏天一点关系也没有，反而和冬天联系在一起。冬天气温低，天气冷，人和动物都会藏起来，不出来活动。在很冷的天里，你看外面的行人是不是会缩着脖子，抱着身体，蜷缩在一起，就像这个“伏”的字形？所以，甲骨文中的“伏”意思就是藏伏、趴伏。

伏 甲骨文

金文中的“伏”，形体从象形字变成了一个会意字，左边还是一个人的形状，右边加了个形符“犬”，也就是一个人和一条狗合起来表达意思。对这个字的解释有几种不同的看法：有的说狗善于趴伏在地，隐藏起来，伺机伏击敌人，而人在隐伏的时候，也跟狗很相似；也有的说这是一个人在前面走，后面一只狗跟着，扑上去一咬，人就被咬趴下了；还有个解释，人带着狗一起，趴在地上等待猎物。

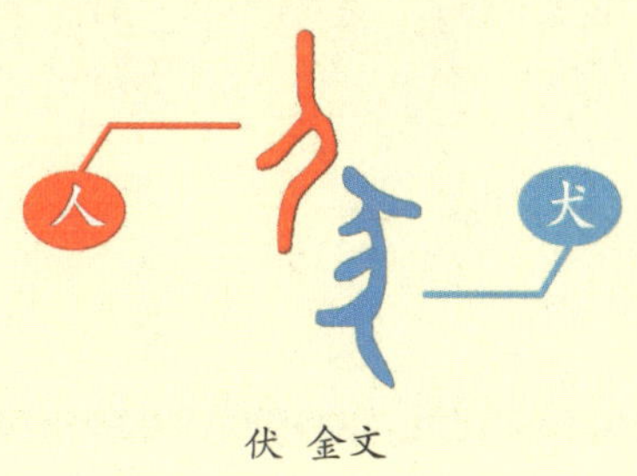

伏 金文

小篆的“伏”字“从人从犬”，字形更加线条化和规整化。隶书和楷书字形进一步符号化。

“三伏天”的“伏”是从其本义引申出来的。根据中医的说法，夏天太热，阴气被阳气压制被迫藏伏在地下，大家也都待在室内，不出去活动，像藏起来了一样，所以藏伏之意引申出了隐伏避暑之意。人们又根据历法，把阳历七八月间，一年之中最热的时间段叫作“伏天”，意思是这段时间太热了，大家都隐伏在家，别出去了。伏天分为三段，分别叫初伏、中伏、末伏，从夏至后第三个庚日开始，到秋分后第一个庚日结束，一般在四十天左右。

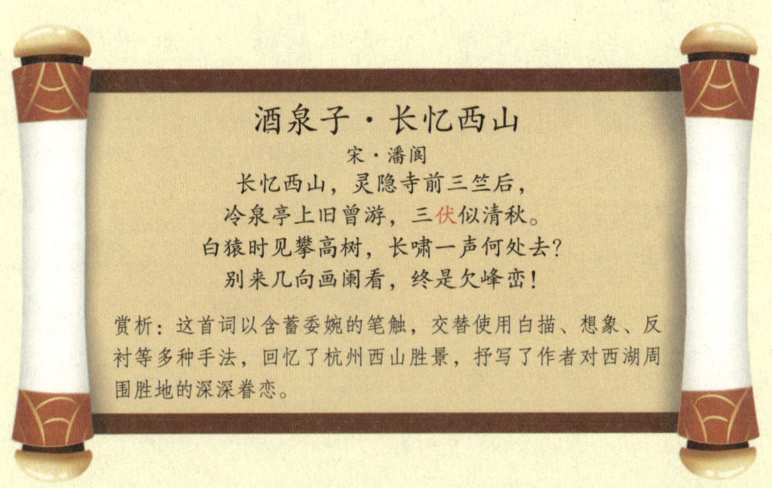

酒泉子·长忆西山

宋·潘阆

长忆西山，灵隐寺前三竺后，
冷泉亭上旧曾游，三伏似清秋。
白猿时见攀高树，长啸一声何处去？
别来几向画阑看，终是欠峰峦！

赏析：这首词以含蓄委婉的笔触，交替使用白描、想象、反衬等多种手法，回忆了杭州西山胜景，抒写了作者对西湖周围胜地的深深眷恋。

【主讲人：陈练文 武汉大学文学院 讲师】

日

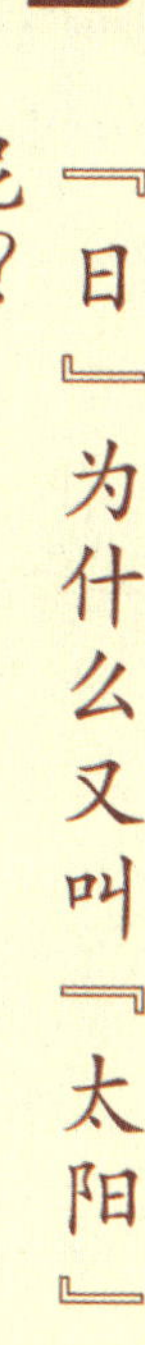

“日”为什么又叫“太阳”呢？

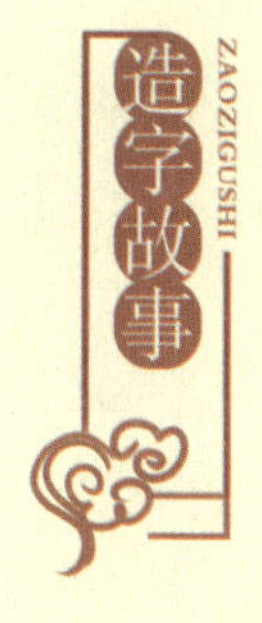

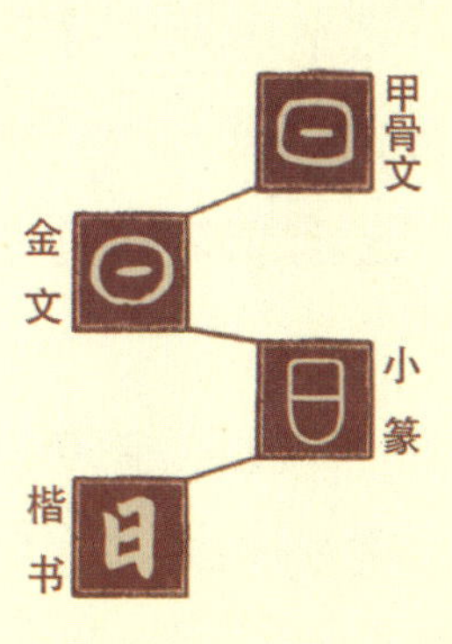

甲骨文的“日”有很多种写法，字形大多是一个圆，或者是一个异形的方框，中间有一点，表示人们观测到的太阳的图形。中间的一点，有人认为是表示太阳是实的、满的；也有人认为，那一点表示太阳散发出来

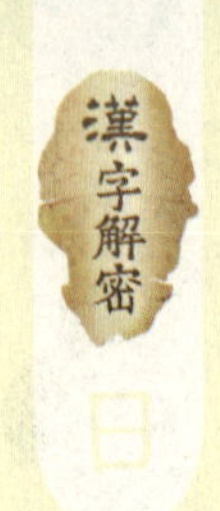

的光芒；还有人解释，这一点是古代先人们观测到的太阳的黑子。后来，为了书写方便，小篆将“日”的轮廓改为上方下圆形，中间的一点改为一横，楷书依照小篆“日”的形体，写成为方形“日”了。《说文解字》说：“日，实也，太阳之精不亏。”指的就是太阳里的光是充实的。古人用“日”来指太阳。

太阳的光叫“阳”，而这个发光体是天下所有的发光体中最大的，所以叫太阳，因为“太”指的就是特别大，这也就是我们常说的“太阳”的由来。

在几千年的文字演变中，“日”字的字形基本上没有变化，只是在表达意思上，有了新的扩展和延伸。如，有太阳的时候，就是白天，故“日”引申为白天。平常我们说的白昼，夜以继日，还有日出而作，日落而息，说的是太阳出来我们就去劳动，太阳落下我们就回家休息。在我国著名的志怪奇书《山海经》中，记载了几则与太阳有关的神话故事，如后羿射日，说的是在远古的时候，原本有十个太阳睡在扶桑枝条的底下，轮流跑出来在天空执勤，照耀大地。但有一天，十个太阳因为贪玩一起出来周游天空，巨大的热量炙烤着大地，给人类带来了灾难。为了拯救人类，有个叫后羿的年轻神箭手，用弓箭把十个太阳射下了九个，只留下一个太阳，温暖着人间。这些神话反映了古人对于干旱，对于太阳光芒的一些朴素的理解。

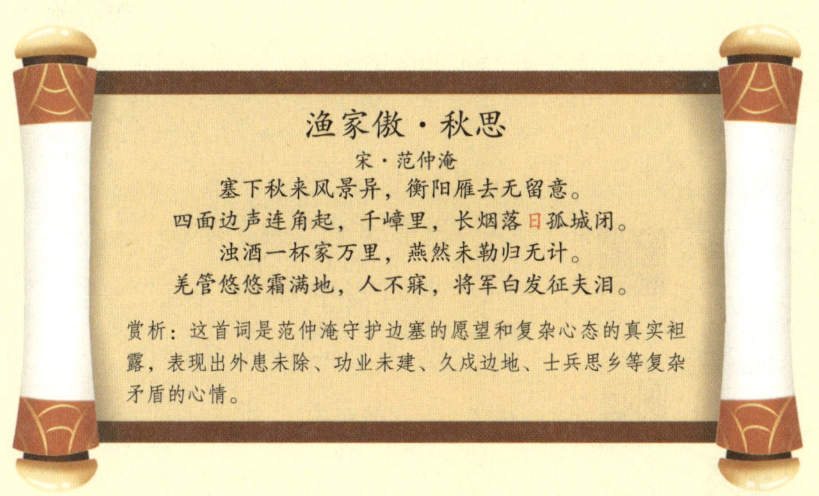
渔家傲·秋思

宋·范仲淹

塞下秋来风景异，衡阳雁去无留意。
四面边声连角起，千嶂里，长烟落日孤城闭。
浊酒一杯家万里，燕然未勒归无计。
羌管悠悠霜满地，人不寐，将军白发征夫泪。

赏析：这首词是范仲淹守护边塞的愿望和复杂心态的真实袒露，表现出外患未除、功业未建、久戍边地、士兵思乡等复杂矛盾的心情。

【主讲人：李健 甲骨文专家】

月

古人为什么对月亮情有独钟？

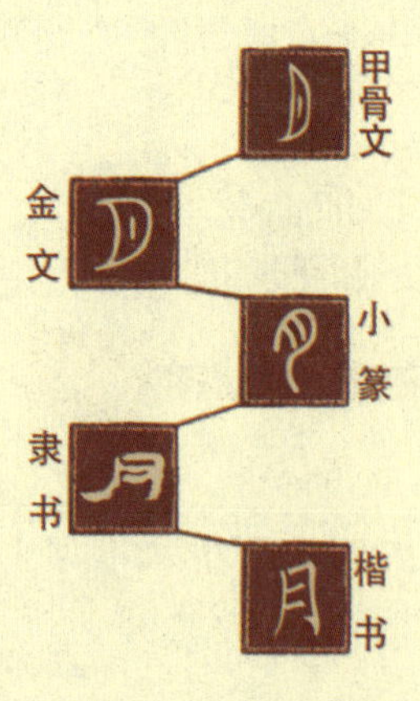

甲骨文的“月”是在一个半圆形中加了一短竖，描画了一轮弯月熠熠发光的样子。金文的“月”和甲骨文字形相同。小篆的“月”更为圆润，而且“月”字中间多了一小点，但仍然保留着缺月的形象。文字发展到

隶书，“月”字进一步变形，失去了半圆形象。到了楷书就已经完全看不出月亮的形状了。

《说文解字》说：“月，缺也，太阴之精。”因为晚上的月亮是没有白天的太阳那样光亮的，说它缺是因为，相对于太阳总是圆的，月亮也有圆的时候，但圆的时间极为短暂。月亮每月只有一天是正圆，其它时间是缺的，缺是月亮的突出特点。所以用画的半个圆来表示月亮。

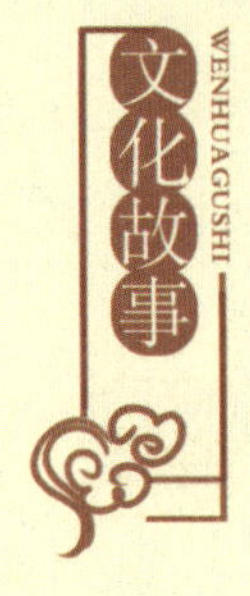

由月构成的俗语非常有趣，饱含着古人的智慧，如“月晕而风，础润而雨”，说的是月亮周围出现了光环就会刮风，础石返潮就会下雨。

关于月的诗文，可以说是数不胜数，比如大家熟悉的“举头望明月，低头思故乡”“今人不见古时月，今月曾经照古人”。文人骚客还赋予了月亮许多美丽的别称，如玉兔、银盘、冰轮、桂魄、蟾蜍等。

所以，在中国文化中，月亮一开始，就不是一个普通的星体，它满身诗意，伴随着神话色彩飘然而至，负载着乡愁、贞洁、真善美等深刻的文化气息，凝聚着我们古老民族深厚的生命力和审美感情。

今人不見古时月 今月曾经照古人

举头望明月 低头思故乡

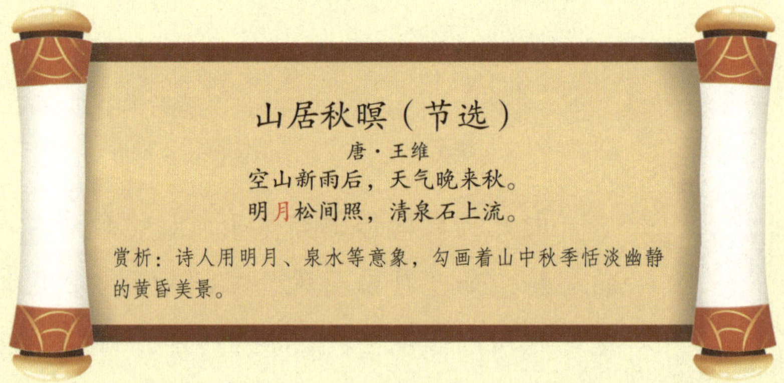

山居秋暝（节选）

唐·王维

空山新雨后，天气晚来秋。

明月松间照，清泉石上流。

赏析：诗人用明月、泉水等意象，勾画着山中秋季恬淡幽静的黄昏美景。

【主讲人：李健 甲骨文专家】

天

『天』指人的头部？

tiān

天

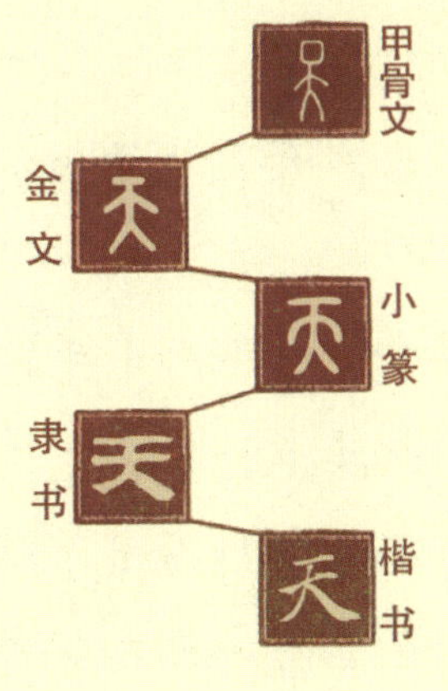

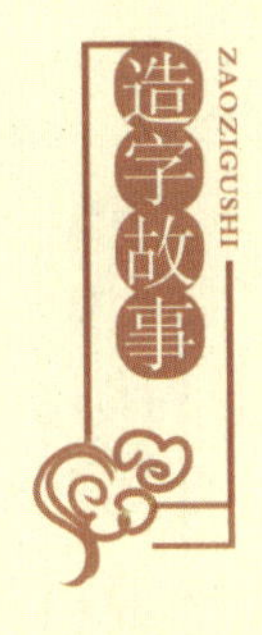

甲骨文的“天”是一个站立的人，人的头部是一个方框。金文和甲骨文的“天”相似，只是人的头部变成了一横。小篆的“天”字由金文的字形演变而来，进一步符号化。隶书和楷书在小篆的基础上，将人的两只手臂由低垂变为平直，成了现在的“天”字。

“天”为指事字，用方框或一横作为指事符号，突出一个正面站立的人的头顶部位。“天”的本义是人的头顶，现在人们还将头顶称作“天灵盖”。自然界的天空位于头顶之上，“天”表示天空正由其本义引申而来。

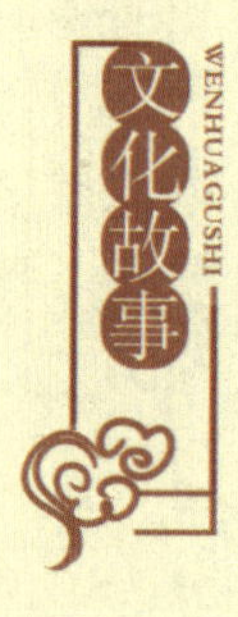

大家从小就听说过，盘古开天地的神话故事。传说，起初天地混沌一片，像一个巨大的鸡蛋，盘古睡在其中。一万八千年以后，盘古醒来，他发现周围漆黑一片，于是拿起一把斧子一阵乱砍，将天和地分开，阳清为天，阴浊为地。盘古在里面一日九变，天每天长高一丈，地每日增厚一丈，盘古也跟着每天长一丈。这样又过了一万八千年，天是越来越高，盘古也是越来越长，最后，天地相隔九万里，盘古也成了顶天立地的巨人。后来，人们就用“开天辟地”来形容某件事是有史以来的第一次。

古人认为天有神灵，它关联着传统文化里的命和运，所谓天理良心，就是心理道德行为上所依仗的精神的天，因此，准确地理解“天”字的意思，对理解我们传统的文化、传统的经典，特别是儒、道两家的文化，有着非常重要的作用。

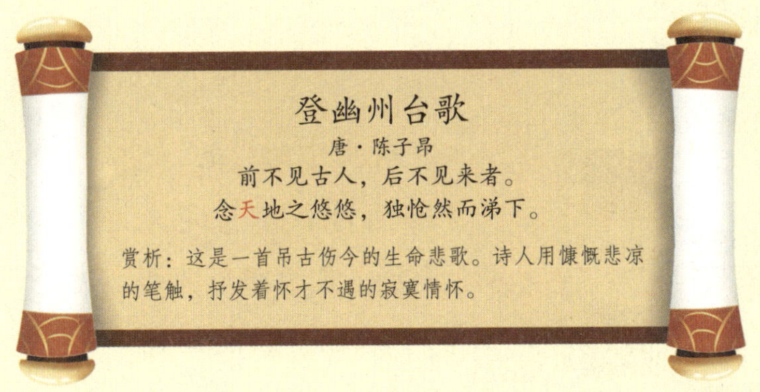

【主讲人：李健 甲骨文专家 】

光

匡衡凿壁偷光，只为勤奋好学。

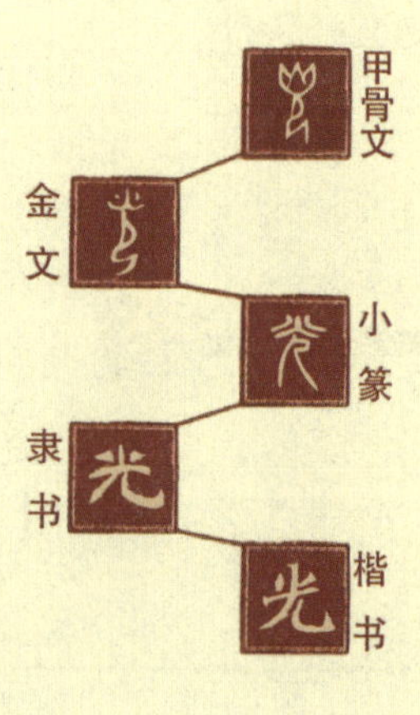

甲骨文中的“光”是一个会意字，本意是光明、光亮。它的字形犹如一个蹲跪着手擎火炬的人，高过头顶的火炬似乎还在熊熊燃烧。金文的“光”字将人头上面的“火”简化了一些，并且增加了两点表示光芒。小篆虽然保留了人头上的火苗形状，但人蹲跪的姿势却大有不同。文字发展到隶书和楷书，字形变得抽象了，不仅头顶的“火”变了，下面的“人”字也变成了“儿”，再也找不到跪着的人和火把的形迹了。

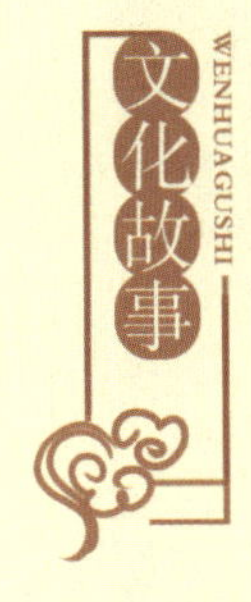

历史上有一个凿壁偷光的故事。汉朝有个人叫匡衡，家境贫寒，匡衡从小就勤奋好学，但是家里没有钱去买油点灯。那晚上学习怎么办呢？他的邻居家里条件好，晚上总是点灯照明，但是灯光隔着墙照不进来，于是匡衡就在墙上打了一个小洞，让邻居家的灯光穿透墙壁，照射到他家里来。匡衡就用这种方法进行学习，终成大器。

古往今来，不管是人类还是动物，对

光明的追求从未放弃。为了光与热，飞蛾以身扑火，以生命相许；为寻求美好的生活，夸父跟太阳赛跑，把光和热追回来，让寒冷的北方和江南一样温暖，夸父虽然失败了，但他为了自由和光明不惜献出生命的精神和毅力，却一直被人们传为佳话。

【主讲人：李健 甲骨文专家】

气

『气』字可以贯穿人的一生吗？

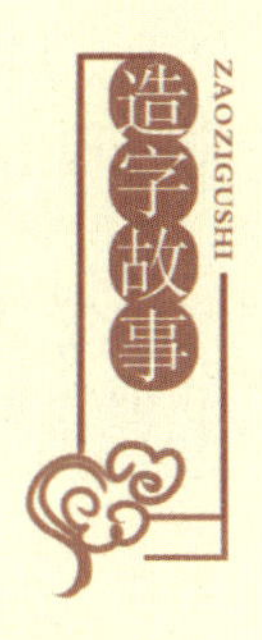

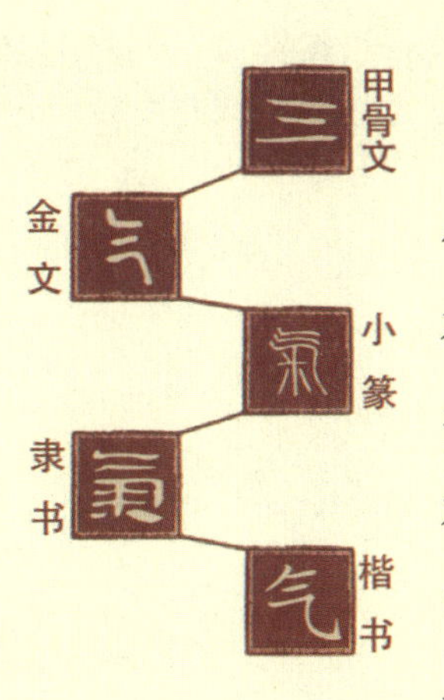

甲骨文的“气”是一个象形字，字形为三撇，有点像我们汉字的“三”字，关于“气”字的解释有几种，一种说这是空气中飘浮的几缕云气；另外一种解释，说是像河床干涸的形状，下面两横表示河的两岸，上面一横表示

其中的水流已经蒸发尽了。因为甲骨文的“气”字与数字“三”字形相近，书写容易混淆，为了区别，古人在造金文“气”时，将上面一横的笔端，改为上翘，指向天空，下面一横的末端，改为下曲。这样一改，上下对称，看起来就像云气蒸腾上升的样子。小篆“气”字的三横，都是用曲笔来表示，看上去就更接近于轻盈飘浮的云气了。

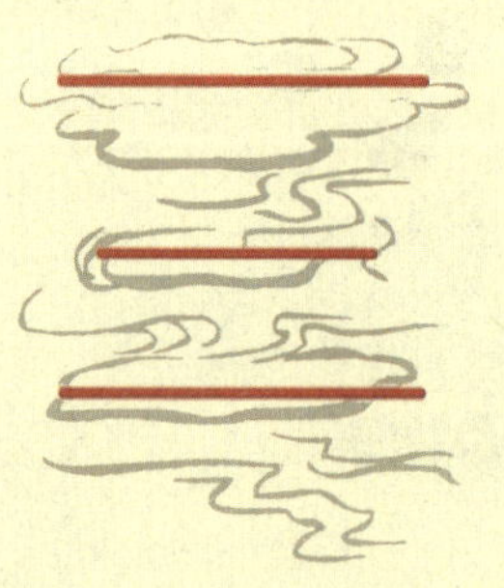

并且由于“气”后来做了偏旁，就用“氣”字代替了原先的“气”，汉字简化后繁体的“氣”又被废止不用，回到了金文和小篆三笔画的“气”字。“气”字经历了由简到繁再到简的演变过程。

气是自然界客观存在的现象，后来引申为自然界中冷热阴晴的现象，王羲之的《兰亭集序》中说道：“是日也，天朗气清，惠风和畅。”意思就是，这里的天气晴朗，微风习习，令人觉得舒畅。

“气”字可以贯穿人的一生，童年无邪叫淘气；青年奋发，叫有志气；一时不如意叫晦气；中年的时候稳重执着，叫沉得住气；能力超凡脱俗，不怒自威叫霸气；一旦扬名立万，叫扬眉吐气；晚年家庭幸福美满，儿孙满堂，我们叫有福气。总之，中国语言文字博大精深，简简单单的一个“气”字，包罗万象，概括万千，只有细致地钻研，才知道乐趣无穷。

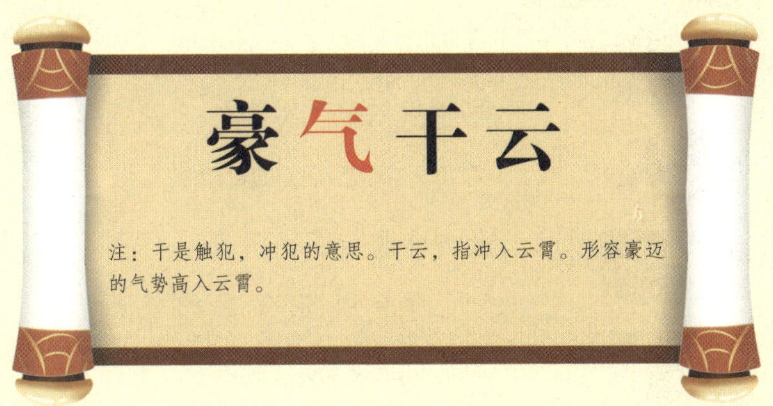

【主讲人：李健 甲骨文专家】

风

我国古代的诗人、作家为什么又叫『风人』？

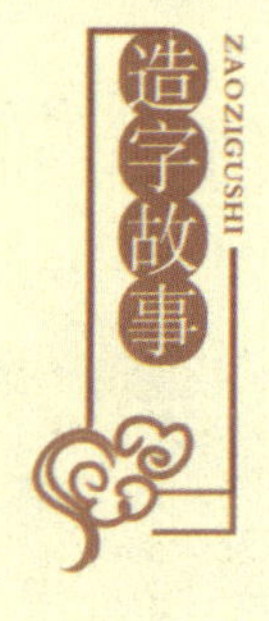

“风”在甲骨文里有两种写法，这两个形体实际上是凤凰的“凤”字。也就是说，在甲骨文里，“风”是用“凤”字表示的。

第一个形体画的就是一只冠很高、有长长的尾部羽毛的凤凰。第二个形体在右上角加了一

个“凡”作声符表读音，在右下角尾羽上增画了图形。这个图形有人说是纹饰，有人说是凤凰尾羽上的圆形斑纹，如同孔雀尾羽上的圆斑一样。

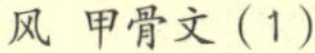

风 甲骨文（1）

“风”为什么用“凤”表示呢？一种意见认为是由于“风”很难造字，只好借用音近的“凤”记录，是本无其字的假借。这是学术界占主流地位的意见。另一种意见则认为是词义引申，引申的理据有人说是因为凤凰翅膀大，飞动而产生风；有人说是因为凤凰是鸟中之王，飞动时，上万的鸟跟着飞翔，因而产生风。

金文在甲骨文第二个字形的基础上，将凤凰尾部羽毛上的纹饰分离开来，移到“凡”的下面。小篆省去了左边的“凤”形，只保留声符“凡”和一个纹饰符号。隶书和楷书则进一步整齐化和符号化。简体字的“风”只保留了“凡”字的外框，中间的“乂”形不表示任何意义。

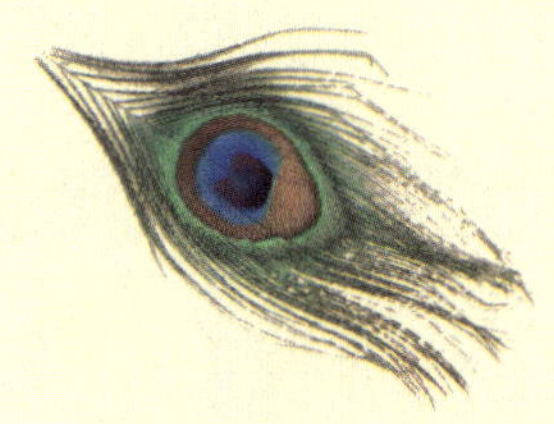

风 甲骨文（2）

古代有“风人”一词，指诗人、作家。这是为什么呢？因为风有流动传播的特征，又能摇动物体，因此可以用来指“民间歌谣”，民间歌谣能在民间流行传播，能感动人，与风有相似的特点。我国古代的诗歌总集《诗经》里有“十五国风”，就是十五个国家和地区的民间歌谣。这些民间歌谣有很高的思想、艺术成就，成为后代文学创作的典范，由此，后代就把诗人、作家称为“风人”。

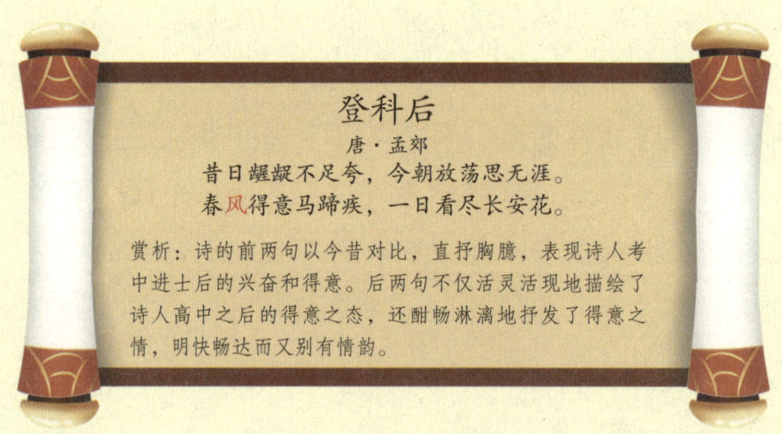

登科后

唐·孟郊

昔日龌龊不足夸，今朝放荡思无涯。
春风得意马蹄疾，一日看尽长安花。

赏析：诗的前两句以今昔对比，直抒胸臆，表现诗人考中进士后的兴奋和得意。后两句不仅活灵活现地描绘了诗人高中之后的得意之态，还酣畅淋漓地抒发了得意之情，明快畅达而又别有情韵。

【主讲人：卢烈红 武汉大学文学院 教授】

雨

南京的雨花台原来跟佛教里『雨花』的故事有关！

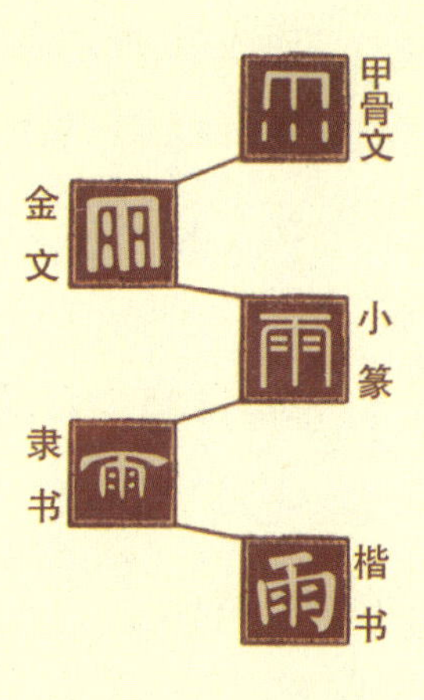

“雨”在甲骨文中是一个象形字，上面一横大多数学者认为表示天，也有学者认为是表示云层；下垂的六条短线表示下落的雨水。金文字形在甲骨文基础上稍有变化，表示雨水的短线被三条长线所包。

小篆的“雨”上面多了一长横，下面的字形承续了金文字形。隶书和楷书的“雨”字基本跟小篆一样。

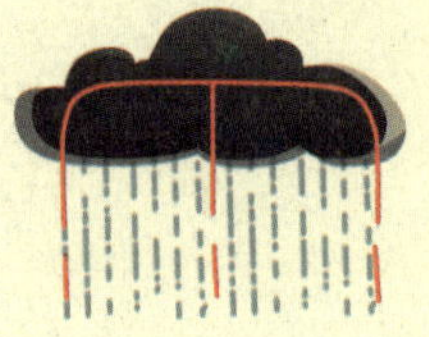

雨 甲骨文

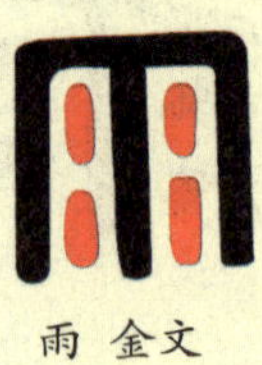

雨 金文

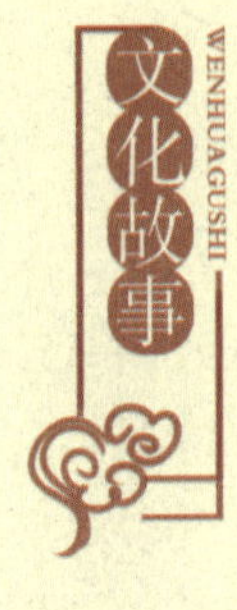

南京有个“雨花台”，是一处非常有名的名胜古迹。元代诗人赵孟頫在一首诗中写道：“雨花台上看晴空，万里风烟入望中。”为什么叫“雨花台”呢？这与佛教里“雨花”的故事有关。佛教常说到“雨花”，“雨花”就是天空像下雨一样飘下许多美丽的花朵。传说释迦牟尼宣讲佛法，经常感动得天空降下满天的花。《续高僧传》记载，一个叫法云的和尚讲《法华经》，感动得天降花，形状像飞舞的雪花，漫天纷飞，还飞进大堂内，飘而不落地。雨花台这个地方相传是梁武帝时云光法师在这里讲经，感动得满天雨花，花落到地上化为石头，因此有了“雨花台”这样美的称呼。

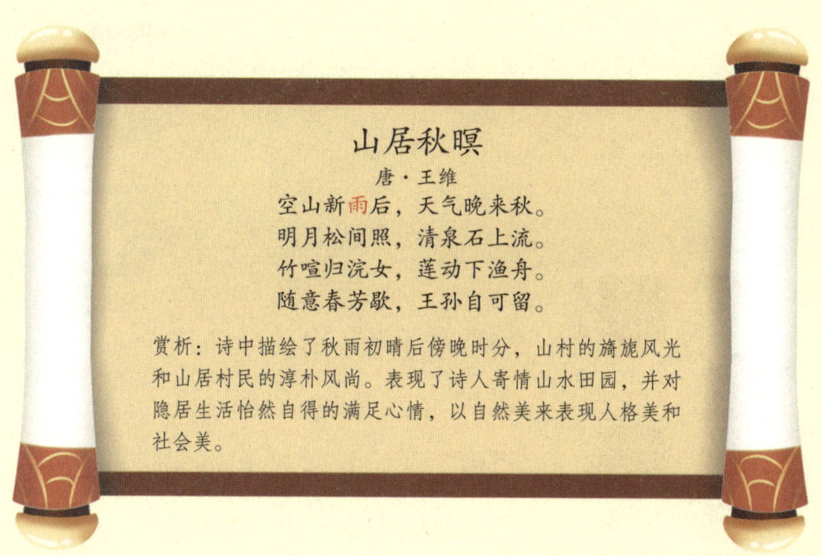

山居秋暝

唐·王维

空山新雨后，天气晚来秋。
明月松间照，清泉石上流。
竹喧归浣女，莲动下渔舟。
随意春芳歇，王孙自可留。

赏析：诗中描绘了秋雨初晴后傍晚时分，山村的旖旎风光和山居村民的淳朴风尚。表现了诗人寄情山水田园，并对隐居生活怡然自得的满足心情，以自然美来表现人格美和社会美。

【主讲人：卢烈红 武汉大学文学院 教授】

雷

「雷」同等词和打雷有关系吗？

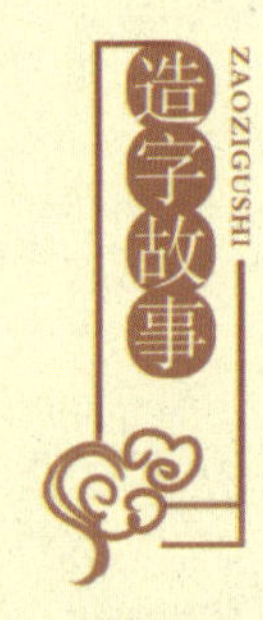

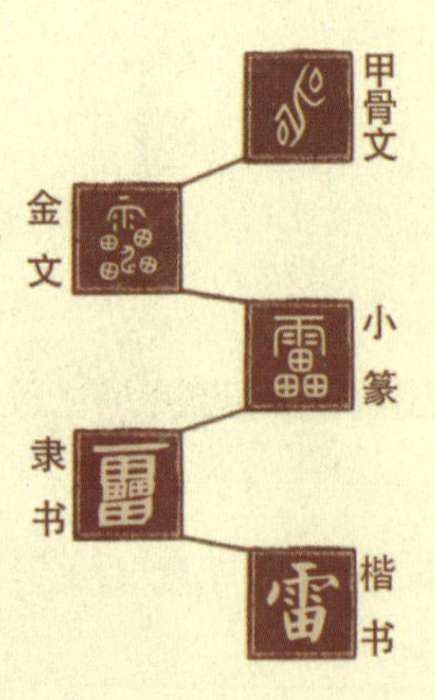

“雷”在甲骨文中是一个象形字，中间的曲线表闪电，两边的方块或“田”字形表示巨大的雷声。“雷”的本义就是云层放电时发出的巨大响声。有人认为，“田”字形中间交叉的横线竖线是纹饰，无意义；有人则认为

“田”字形是鼓面的形状，因为雷声就像打鼓的声音。

金文跟甲骨文相比，有了较大变化，用了四个“田”字形表雷声，又在上面加了一个“雨”，因为打雷往往伴随下雨。

小篆与金文相比，省去了表闪电的曲线，减少了一个“田”字形。隶书和小篆相比变化不大。楷书只保留了一个田字形。

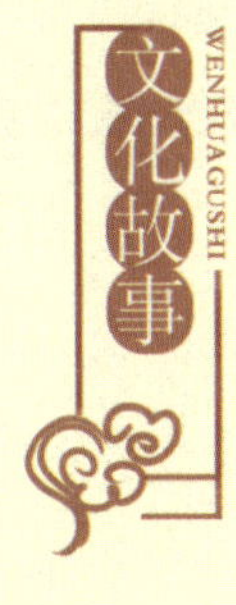

有一个词叫“雷同”，意思是“相同”，是贬义词，指不该相同而相同。为什么把“相同”叫“雷同”呢？因为古人认为，打雷时，万物或发出回声，或同时有感应，而人说话，却应该有是非之心，说出各自的意见，不应该人云亦云，因此“雷同”就用来指说话时随声附和。后来，这个词适用的范围扩大，不限于说话方面，一般的相同也叫“雷同”。比如当代作家冯骥才在作品《雕花烟斗·画家》中说有一位唐先生，他的烟斗“造型、图纹、形象、制法，乃至风格，无一雷同”。

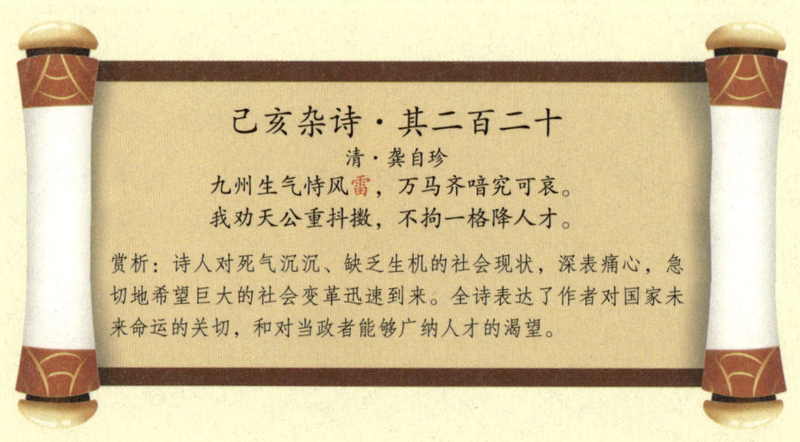

己亥杂诗·其二百二十

清·龚自珍

九州生气恃风雷，万马齐喑究可哀。
我劝天公重抖擞，不拘一格降人才。

赏析：诗人对死气沉沉、缺乏生机的社会现状，深表痛心，急切地希望巨大的社会变革迅速到来。全诗表达了作者对国家未来命运的关切，和对当政者能够广纳人才的渴望。

【主讲人：卢烈红 武汉大学文学院 教授】

东

请人吃饭为什么叫『做东』？

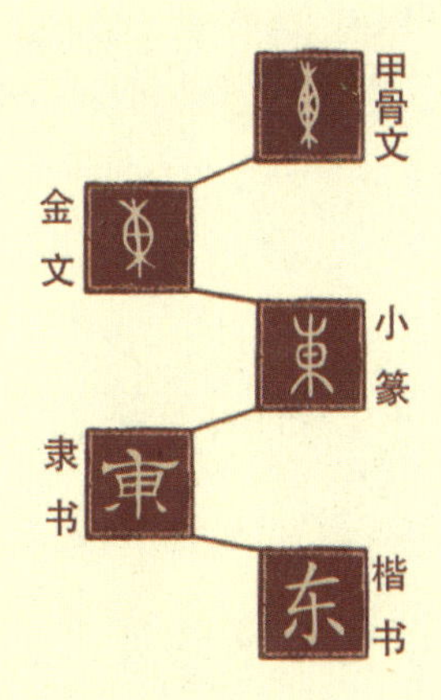

甲骨文的“东”从字形上看，像一个两头都有口，用绳索捆束着的袋子，中间隆起的部分表示袋子里装着东西，捆束的绳索或相交叉、或相纵横。

后来人们用“橐”来记“东”的本义，表示袋

子的意思，“东”这个字形就被借去专表方位了。

金文当中的“东”，形体没有太大的变化，多与甲骨文中最简单的写法相同。

字形发展到小篆，中间部分演化为“日”字，镶嵌在一个“木”字当中，于是有了“从日在木中”的说法。隶书和楷书的形体在小篆的基础上进一步线条化，汉字简化时采用草书楷化的方式就演变为我们今天的“东”字。

传说老子西游，乘青牛经过函谷关，关令尹喜看见有紫气从东方飘来，认为肯定是有圣人要来了。果不其然，老子来到关上，关令尹喜款待老子数日，并且请他写一本书，老子推辞不掉，便写下了我们今天熟悉

的《道德经》。后来人们便用“紫气东来”表示祥瑞之兆。

为什么请人吃饭叫“做东”呢？“做东”与接待宾客时主人坐的方位有关。我国古代的房屋大都是坐北朝南的，正中是客厅，厅中朝南摆放有东、西两个座位，进门的台阶也分东、西，主人迎客时，将客人引到西边道路，主人走东边的道路，进客厅后，把客人迎到西边座位上，然后自己坐在东边座位。于是“东”就有了“主人”之意，请人吃饭叫“做东”，而承担的人就有“东道主”“东家”的称法，对应的尊称客人为“西席”。

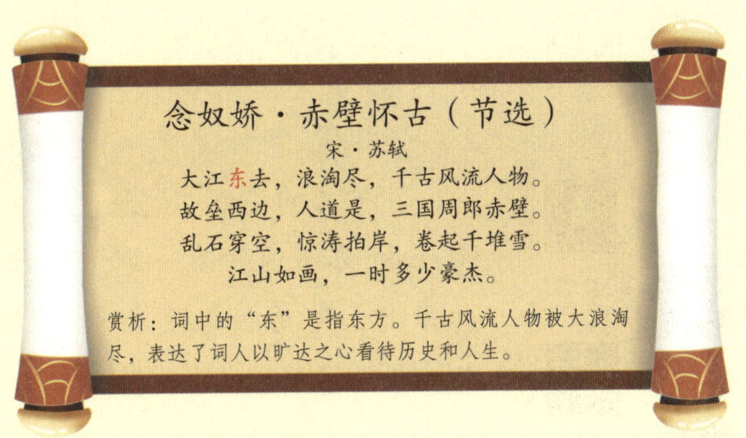

念奴娇·赤壁怀古（节选）

宋·苏轼

大江东去，浪淘尽，千古风流人物。
故垒西边，人道是，三国周郎赤壁。
乱石穿空，惊涛拍岸，卷起千堆雪。
江山如画，一时多少豪杰。

赏析：词中的“东”是指东方。千古风流人物被大浪淘尽，表达了词人以旷达之心看待历史和人生。

【主讲人：谭飞 中南财经政法大学中文系 副教授】

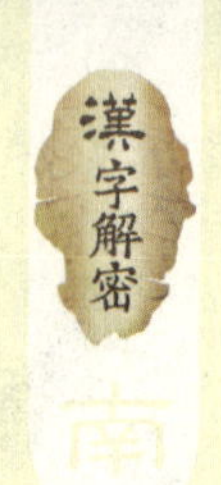

南

“指南针”为什么不叫“指北针”呢？

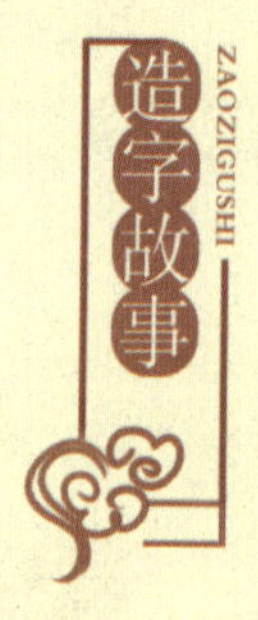

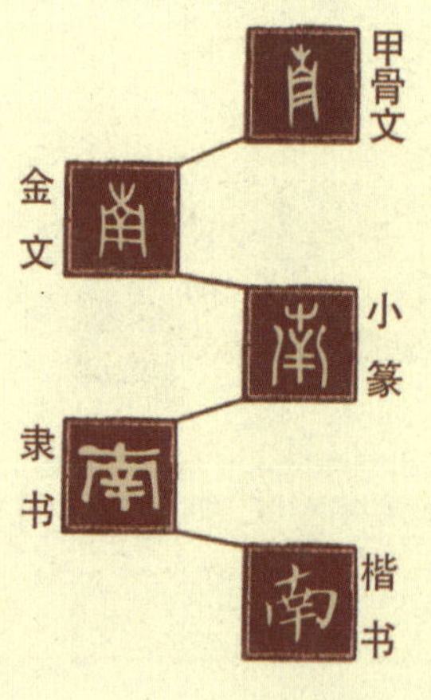

甲骨文的“南”从字形上看，本来像钟镈一类的乐器，下为钟形发音体，上为悬饰。

因为表方位的“南”很难用直观的方式反映出来，于是就借与其读音完全相同的本指乐器的“南”来记录它了。

后来“南“这种乐器失传，于是“南”这个字形就专表方位了。

金文“南”的字形比较规整，为了方便书写和字形美观，笔画进行了重新排布、粘连，与甲骨文有一定差异。小篆与金文相承，而笔画更加规整、圆润。

隶书和楷书的形体，与金文的写法更为接近，最大的变化是字的上半部分斜出向上的两笔变作了横。

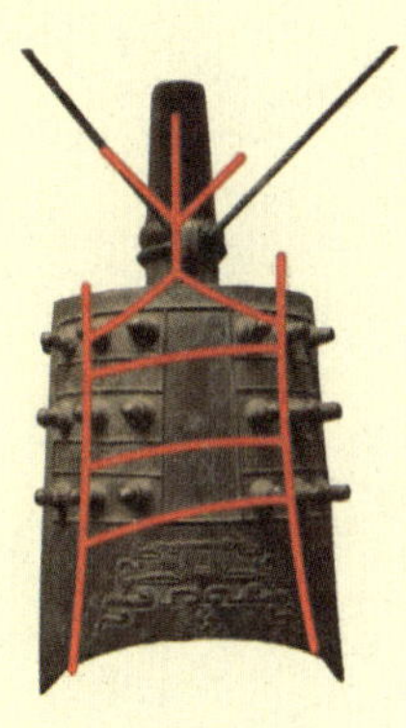

我国大部分地区处于北回归线以北，南面向阳，冬季受西伯利亚寒流影响多刮北风，便形成了我国房屋坐北朝南的格局。面朝南方被认为是顺应天道。因此，南方被视为至尊。宫殿、帝王的座位都面朝正南，当上皇帝称“南面称尊”。由此“南”又引申出长久、富贵义，《诗经》里就有“南山之寿”，就是我们今天所说的“寿比南山”。

“指南针”明明有两头，为什么不叫“指北针”呢？这是因为其始祖为“司南”。战国时期人们已用“司南”来辨别方向，司南是磁勺子，其柄指向南方。指南针可以辨别方向，后来人们把指导资料也称作“指南”，如“旅游指南”“考试指南”等。

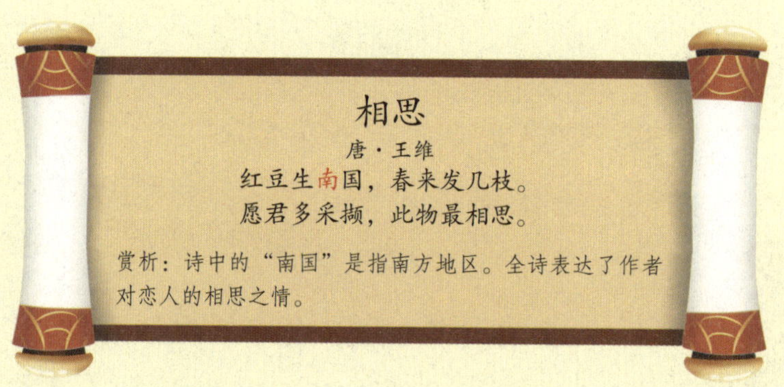

相思

唐·王维

红豆生南国，春来发几枝。
愿君多采撷，此物最相思。

赏析：诗中的“南国”是指南方地区。全诗表达了作者对恋人的相思之情。

【主讲人：谭飞 中南财经政法大学中文系 副教授】

西

『西』的古文字字形竟然跟鸟巢有关！

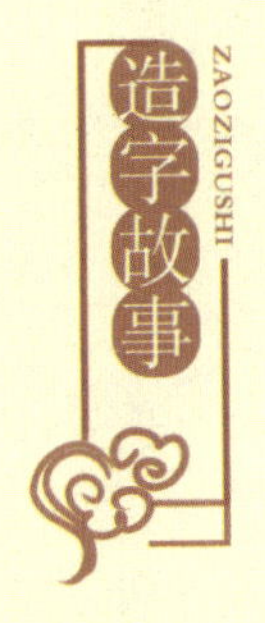

“西”是一个假借字，在甲骨文中以一个鸟巢的形状来表示“西”，本是栖息的意思。金文“西”的写法与晚期甲骨文相似，仍为清晰的鸟巢形，只是将上端开口的部分闭合起来。因为表方位的“西”难以用直观的方式反映，便借音同的“西”来记录。后来人们用“栖”表示栖息的意思，“西”这个字形就专表方位了。

字形发展到小篆，在金文的基础上增加了形似鸟的线条，强调了鸟归巢的含义。隶书在小篆基础上进一步线条化，鸟的曲线变为横。楷书和简化字基本承袭了隶书的字体，并将两中竖写为曲笔。

西 甲骨文

“西”多跟衰老、悲伤联系在一起。“日薄西山”指太阳快要落山，常比喻人到老年身体衰弱。佛教中有“西方极乐世界”的概念，文学中“升西天”最初指的是和尚死亡，后来泛指一般人的死亡。唐僧西天取经，更强化了西天佛国的形象。也常用“驾鹤西去”指去世，寄托对逝者美好的祝愿。

寒冬里北风呼啸，但西风似乎给人的感觉更为凄冷。因为我国秋天多刮西风，便常用“西风”指秋风，如：“昨夜西风凋碧树，独上高楼，望尽天涯路。”（晏殊《蝶恋花》）“莫道不消魂，帘卷西风，人比黄花瘦。”（李清照《醉花阴》）

鸦片战争以后“西学东渐”，我们把目光转向西方，学习其科学技术与思想文化，在这样的背景下，西方背景的事物成为时髦的代称。

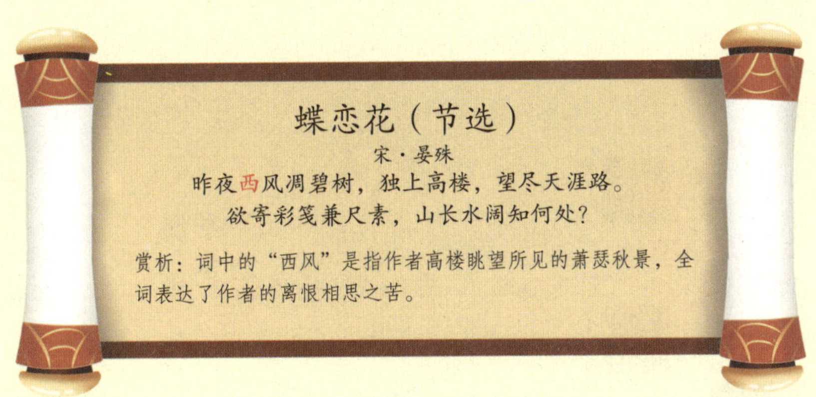

蝶恋花（节选）

宋·晏殊

昨夜西风凋碧树，独上高楼，望尽天涯路。

欲寄彩笺兼尺素，山长水阔知何处？

赏析：词中的“西风”是指作者高楼眺望所见的萧瑟秋景，全词表达了作者的离恨相思之苦。

【谭飞 中南财经政法大学中文系 副教授】

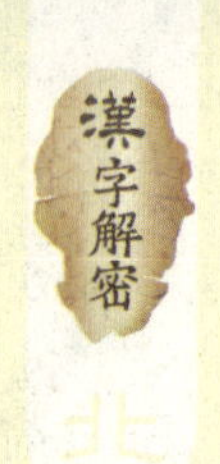

北

běi

输了比赛为什么叫『败北』？

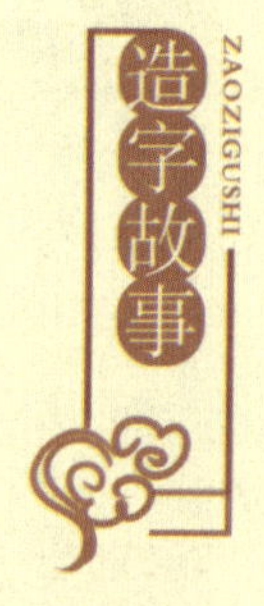

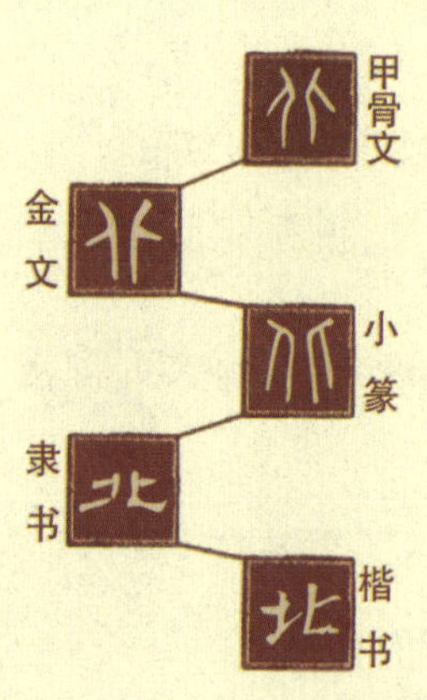

“北”是“背”的本字，甲骨文的“北”字描绘了两人背靠背站着的形状，引申为相逆反、相违背的意思。“北”字是一个会意字，后来“北”字被假借表示北方的意义，古人另造“背”字来表示其本义。

因为表方位的“北”难以用直观的方式反映，就借音同的“北”来记录。而我国的大部分地区南方为向阳面，面朝南方时“背”面为“北”方。

金文“北”与甲骨文没有什么差异，相背的人形仍十分清晰。

“北”字隶书在小篆基础上线条平直化，行书、楷书将左边人形的躯干部分断离作两笔。

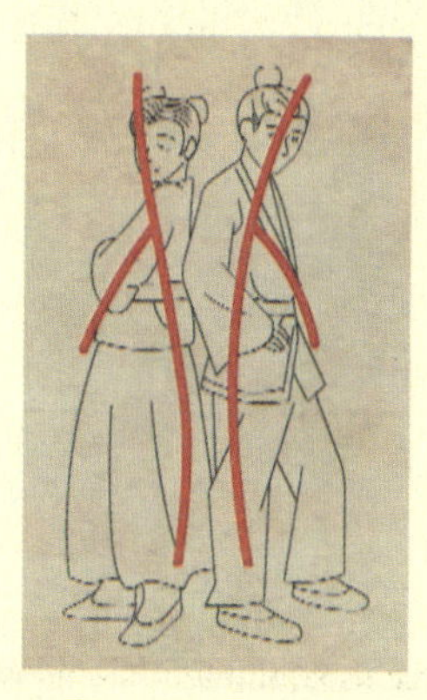

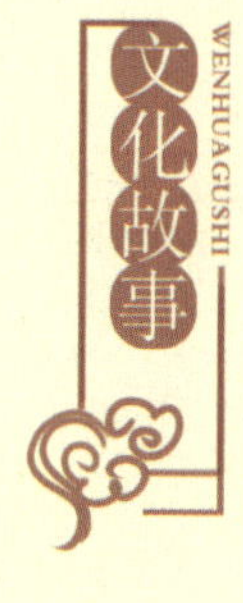

今天输了比赛叫“败北”，是由战败叫“败北”引申而来的，难道古时败兵均向北逃亡？其实“败北”中的“北”与方向无关，“北”本义为背，失败则转背而逃，所以“北”引申为失败。典籍里多有以“北”表示失败的情况，如：“三战三北”（《韩非子》）、“佯北勿从”（《孙子兵法》）。因“北”与“败”意义相近连用，秦汉以后逐渐成为一个词“败北”。因古代有“南面称孤”和对应的“北面称臣”的说法，“北”便有卑服、处于下风的意味。

我国位于北半球，且地势西高东低，山水一般呈东西走向，山之南与水之北多向阳。因而在地名上，位于水之北的地方为“某阳”，比如“汉阳”在汉水之北，“洛阳”在洛水之北。位于山之北的地方叫“某阴”，比如“华阴”在华山之北，“蒙阴”在蒙山之北。

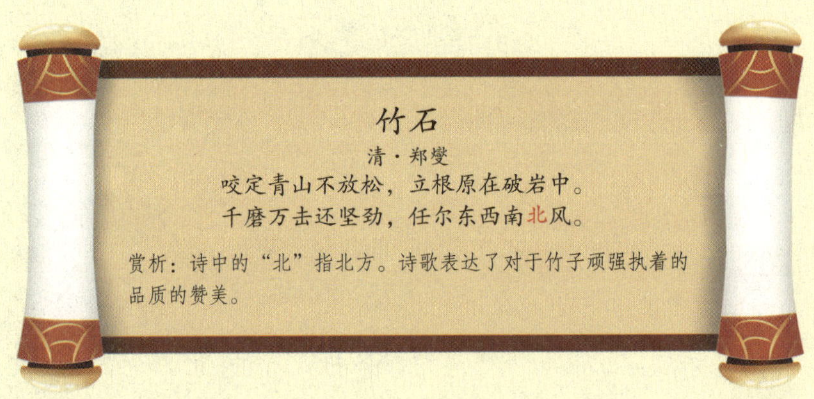

【谭飞 中南财经政法大学中文系 副教授】

中

什么是『中庸之道』？

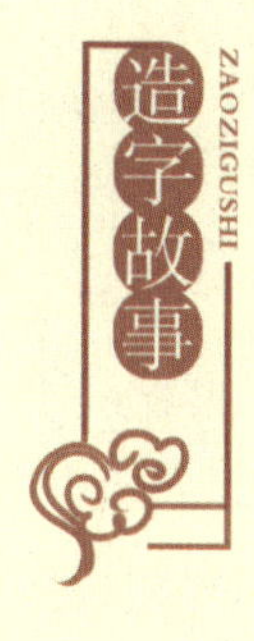

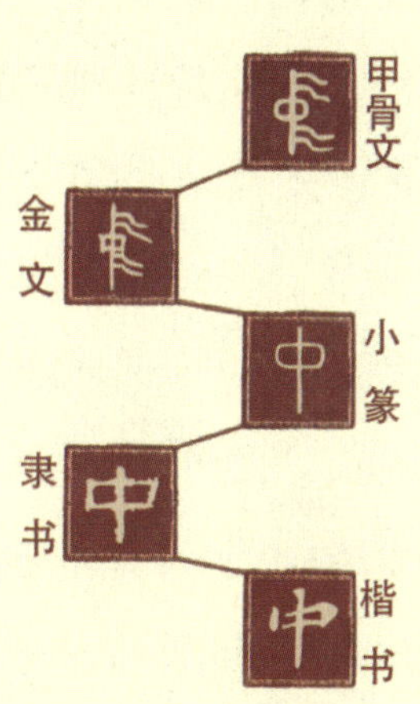

“中”字是一个指示字，甲骨文的“中”上下为随风飘动的旗帜，以中间的方框表示旗杆的中间部分，从而表示中间、中部的意思。金文的“中”字与甲骨文相比没有太大变化，小篆的字形省略了旗帜的形状，笔画

更为简单。隶书、楷书以及简化字的写法基本承袭了小篆字体。

《中庸》里说道:“执其两端,用其中于民,其斯以为舜乎?”说得很清楚,就是“执两用中”。“中庸之道”是说我们在处理事情时要秉持“中”的标准,不走极端、恰到好处,孔子说:“过犹不及。”做过头和没做到都不是理想的状态,“适中”被认为是最佳的度。协调均衡作为一种理念体现在我国的建筑设计、舞蹈编排、绘画构图等所有艺术形式中。

“中”与“正”一样,由一种状态逐渐

成为标准，“中”是恰如其分，“正”是不偏斜，为人处事要中正。秦末陈胜自立为楚王时甚至设有“中正”一职用于纠察群臣的过失。正因为“中”有标准义，便引申为符合标准的意思，如“中规中矩”指符合规矩，“中意”即符合心意。

“中”由标准义又引申出达到标准、具有能力的意思，如河南等地的人用“中不中”表示“好不好”，“一语中的”“切中要害”等的“中”也有达到的意思。

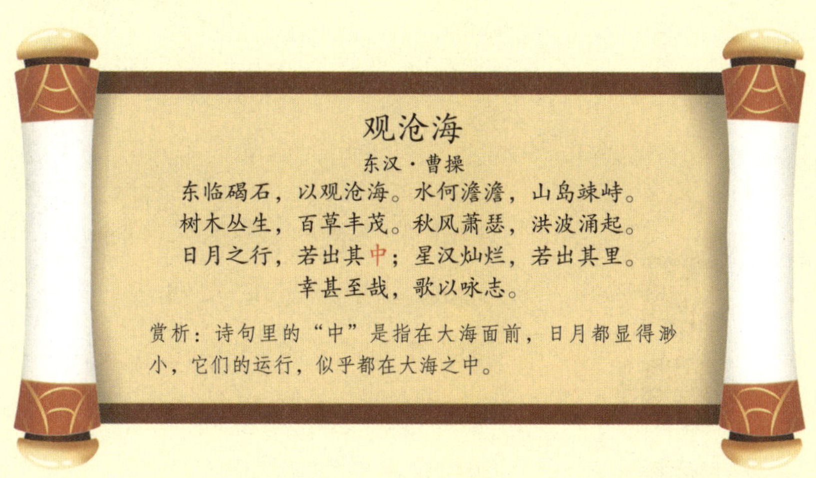

【谭飞 中南财经政法大学中文系 副教授】

田

『田』字最开始竟然跟农田无关，是用来狩猎的。

田 甲骨文

畋 甲骨文

佃 金文

里 金文

甲骨文的“田”是一个象形字。甲骨文的“田”外面的那个方框是口（wéi），表示范围，中间纵横交错的阡陌是猎场与猎场的界限，所以“田”的本义是一块围起来的供人们打猎的场地，同时也可以表示打猎这个动作，这就是田猎。后来加了表示敲打、击打的符号“攴”，写作“畋”，来表示打猎。

在上古采集和渔猎时代的后期，人们慢慢发现，捕获的野兽是可以圈养的，而采集的植物或者果实也是可以种植的，于是，人们赖以生存的模式由不太稳定的采集渔猎慢慢转向了农耕模式。随着农耕文明的兴起，“田”又可以表示耕种的土地。

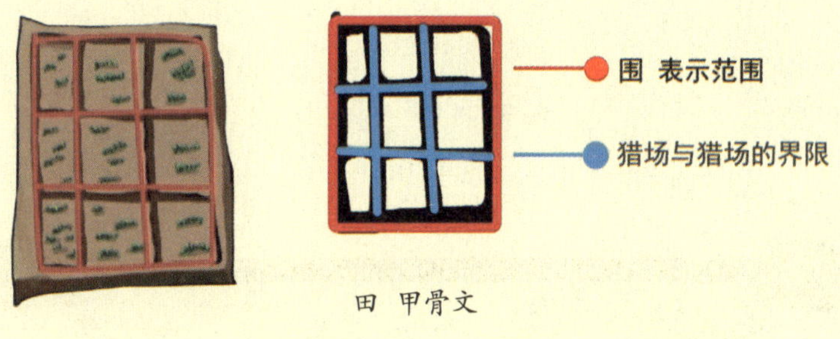

田 甲骨文

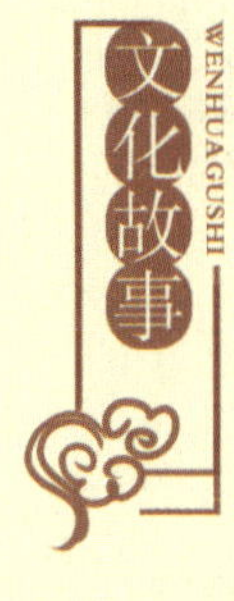

专指农耕用地的“田”还可以表示耕种土地的动词意义，后来这个意义被写作“佃”。《诗经·齐风·甫田》就有“无田甫田，维莠骄骄。无思远人，劳心忉忉”的句子。这里第一个田字，就是佃，耕种的意思。这句话是说，不要耕种大块的田地啊，那里只有一片高高的杂草；不要思念远方的人啊，你的心里只会有无尽的烦扰。

田字加一个土，就是“里”。田，是用来耕作的；土，是封土，是分给奴隶主及下属奴隶居住的。所以“里”有居住的意思。子曰“里仁为美”，是说要居住在有仁存在的地方才是最好的。“里”还可以表示“居住的地方”，比如，我们常常把一些小街小巷就命名为某某里。

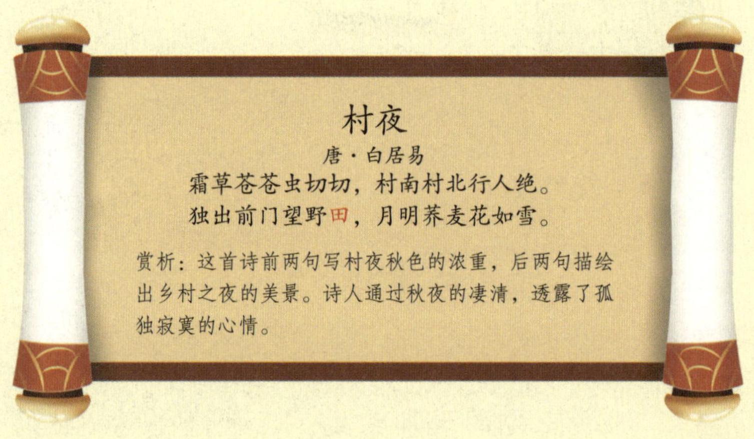

【黄雪晴 武汉理工大学汉语言学系 讲师】

洗

款待远道而来的客人为什么说『接风洗尘』?

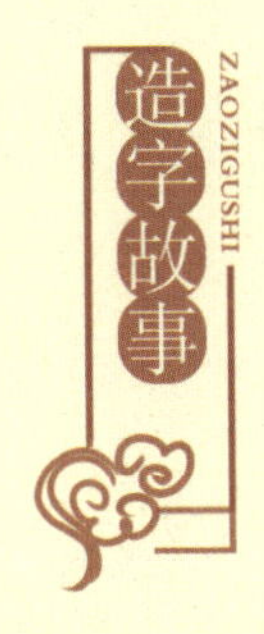

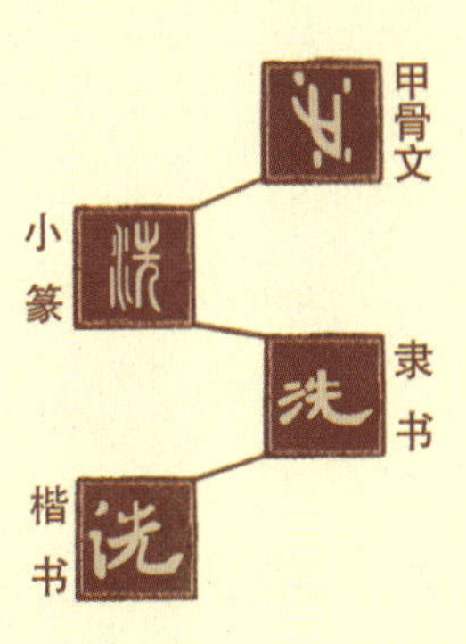

“洗”字的甲骨文中间写的是“止”字，四周加有四点，“止”是脚的象形字，像人的脚趾，画出了大脚趾、小脚趾等三个脚趾；四周的四点表示水滴，将脚包围起来，表示脚趾泡在水里，也就是把脚放在水盆里

泡净。

“洗”字的小篆在“止”字下加了个“人”字，这样就变成“先”字，四点水则集中在左边，写成“水”字，仍然可以看到水流动的样子，整个字变成“洗”字，意思仍然是人洗足。

洗 甲骨文

“洗”字的隶书、楷书进一步将“水”字减省为三点水，部件“先”也已经看不出与足的关系了。

《说文解字》将“洗”字判断为形声字，说“从水先声”。用“水”作形旁，“先”是声旁。“先”字在甲骨文、金文中都是上下结构，上面是止，像人的脚，下面是侧立的人，脚在人的前头，当然就是先了，而小篆、

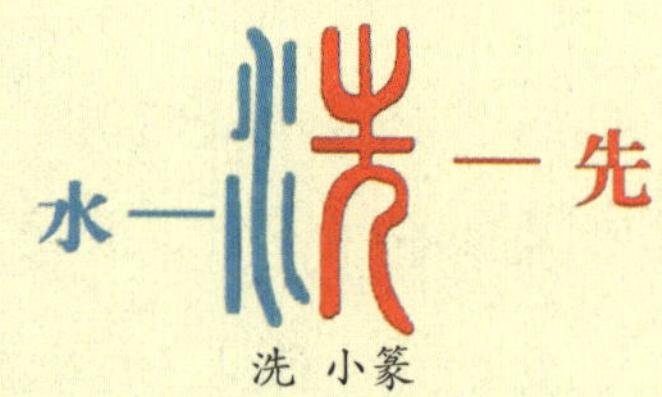

洗 小篆

隶书、楷书的“先”字都看不出脚的样子了。

东汉时期的“字圣”——许慎将“洗”解释为“洒足”，“洒”字是指用水，洗是用水冲脚。清代段玉裁说，洒足曰洗，引《内则》为证，说：“足垢，燂（qián）汤请洗。”意思是脚脏了，用烧好的热水来清洗。

为别人接风，我们现在称之为“洗尘”，“接风”有迎接的意思，是请刚从远道来的客人吃饭。“风”即风尘，比喻旅途劳顿，代指客人。古代出行要么行走，要么骑马、坐车、坐轿。不管哪一种运动都会带动空气流动形成风，如：脚下生风、一路风尘等。“有朋自远方来”，要接待朋友，朋友停下了，朋友行走时带动的风也就停下了，比喻接住朋友行走时形成的风，也就等于接住了朋友，所以叫“接风”。“洗尘”是以酒为水，设宴欢迎远道而来的人，洗去客人身上的尘埃，实际上是洗去心上的疲劳，有慰劳的意思。设宴款待远方来客，或者赠送来客礼物都属于洗尘的范围，中国人讲究礼节，“有朋自远方来”，一定要表示自己作为东道主的心意的，要么用酒宴，要么用当地土特产或美食，绝不能空手。

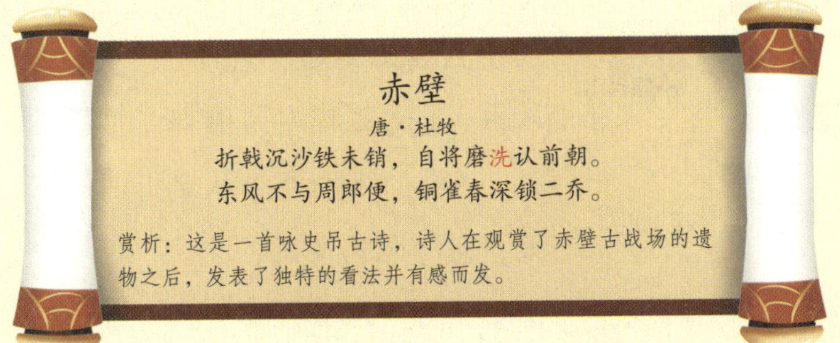

赤壁

唐·杜牧

折戟沉沙铁未销，自将磨洗认前朝。
东风不与周郎便，铜雀春深锁二乔。

赏析：这是一首咏史吊古诗，诗人在观赏了赤壁古战场的遗物之后，发表了独特的看法并有感而发。

【主讲人：杨小平 西华师范大学文学院 教授】

澡

『澡』原来指洗手？

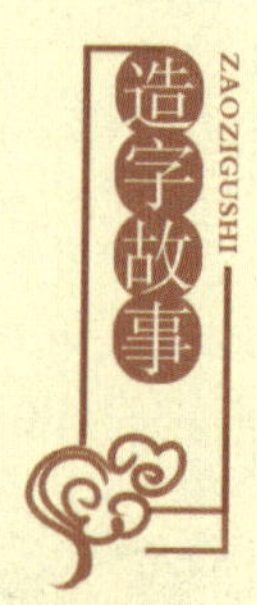

我们在甲骨文、金文中均没有见到“澡”字。小篆中有“澡”字。“澡”的小篆由水加喿（zào）构成，《说文解字》解释说：“澡，洒手也。从水喿声。”也就是说，澡是个形声字，形旁是水，声旁是喿。喿，是“操”的

省略，表示按步骤进行。“澡”的造字本义是按步骤漂洗手部。

隶书、楷书与小篆的写法基本一样，只是把水写成了三点水而已。

澡的声旁“喿”，从品，木声兼表字义，“品”表示众多在上，“木”表示树木在下，合起来的意思是从下面生长出众多的树木。“喿”的意思是出现众多的事物。从字形上来看，以“喿”字为构字部件的字，比如“噪”和“燥”。声音很大的时候，我们会说是噪声；火气太大，缺少水分，我们会觉得十分干燥。从这些字当中，我们都能看到古人造字“近取诸身，远取诸物”的大智慧。

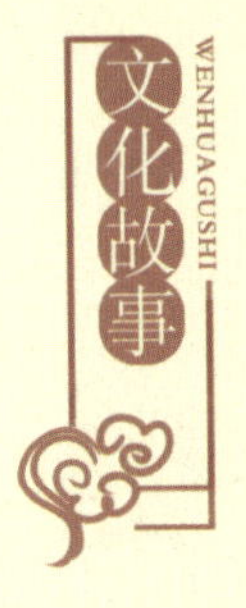

咱们现代人洗手时有洗手液、肥皂、香皂，那么，古人是用什么东西来洗手的呢？

魏晋到宋代，洗手时，人们没有肥皂，使用澡豆。“澡豆”一词，大约是在魏晋南北朝时代流行起来的。澡豆由药物及豆末合制而成，相当于洗手面。

孙思邈在《千金方》中具体介绍了“澡

豆”制造配方，从这些配方可以看出，“澡豆”的制作极为讲究，用洗净的猪胰研磨成糊状，加豆粉、香料做成颗粒，除了豆末之外，还要用到猪胰、皂角等，以增强去油除垢的效力，因此也称为胰子。

澡豆

在经典著作《红楼梦》中，有一篇记载贾府女眷赏桂花吃螃蟹的故事，在饱餐之后，凤姐“又命小丫头们去取菊花叶儿、桂花蕊熏的绿豆面子来，预备洗手”。这其中的“菊花叶儿、桂花蕊熏的绿豆面子”，实际是古代澡豆的一种延续，是一种把绿豆面与桂花蕊等天然香料密封在一起，让绿豆面染上桂花香气，自然就成了去除手上腥气的最上乘的清洁用品。

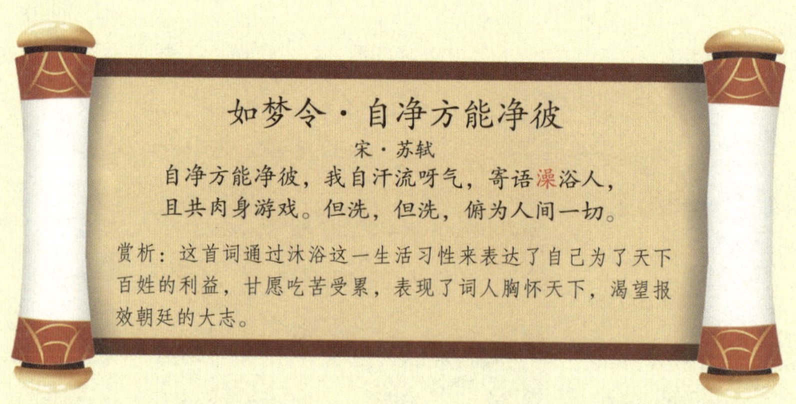

【主讲人：杨小平 西华师范大学文学院 教授】

盥

『盥』表示洗手有什么讲究？

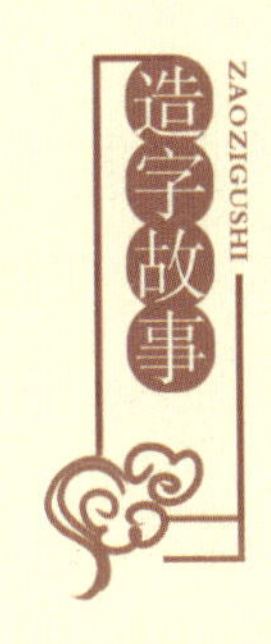

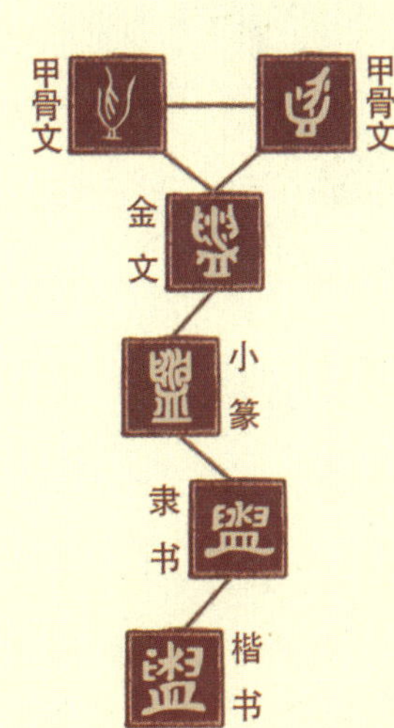

“盥”的正确读音应该是guàn，而不是huàn。“盥”字的甲骨文有两种写法，第一种写法是一只朝下的手，加上一个器皿，就像一只手伸进水盆洗手；第二种写法是在手的周围加上水，这就明确表示

“盥”所体现的是洗手的含义。

《说文解字》中说道，东汉时期的“字圣”——许慎对于“盥”字的注解是：“盥，澡手也，从水临皿。”这也就是说“盥”是一个会意字，表示将水从上而下浇淋，洗手的人用手捧着，接着水，洗过手的水流到下面的盘子里，这一过程也就是原文里的“从水临皿”。

盥 甲骨文1

盥 甲骨文2

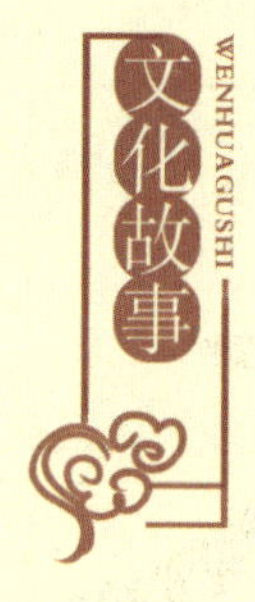

在礼经等很多古代典籍中都提到了“盥”字，《礼记》中说：“每日进盥。”由此可见在很早的时候，古人每天都要洗手。秦汉时期，不好盥浴、不讲个人卫生的人还会遭到别人的嘲笑，比如在《盐铁论》中就有这样的记载：“西子蒙以不洁，鄙夫掩鼻。”意思是说，就算是一位美如西施的美人，如果不讲卫生，浑身散发着臭味，旁人走过去的时候也都会捂鼻子，并且投以鄙视的目光。

《礼记·少仪》：

凡洗必盥

唐代孔颖达解释：

洗 洗爵也

盥 洗手也

凡饮酒必洗爵

洗爵必宜先洗手也

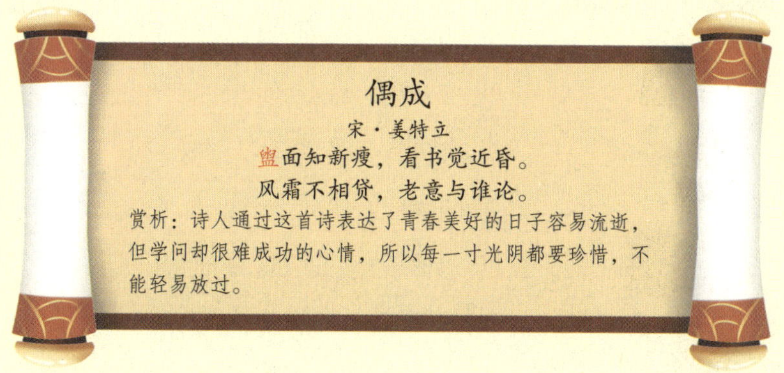

偶成

宋·姜特立

盥面知新瘦，看书觉近昏。

风霜不相贷，老意与谁论。

赏析：诗人通过这首诗表达了青春美好的日子容易流逝，但学问却很难成功的心情，所以每一寸光阴都要珍惜，不能轻易放过。

【主讲人：杨小平 西华师范大学文学院 教授】

沐

『沐』原来不是洗澡，而是洗头。

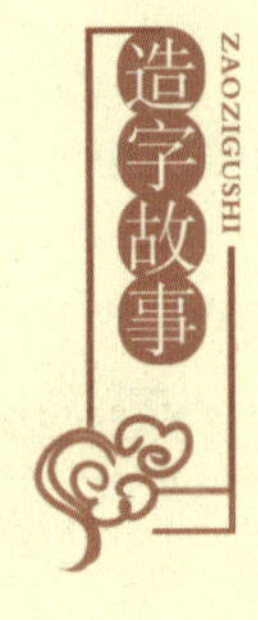

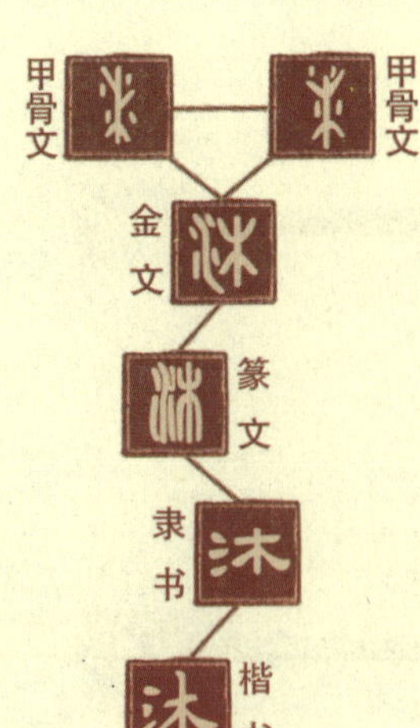

看到这个“沐”字，可能很多人都感到奇怪的是，洗澡应该都是和水有关，但是在“沐”字的右边却是一个木头的“木”，这又是为什么呢？难不成古人洗澡的时候离不开木头吗？我们还是来看看“沐”

的字形，“沐”的甲骨文字形是一个会意字，由“木”和“水”两部分组成，右边的“木”代表树木，左边的“水”代表的是雨水。“沐”字的造字本义是雨洒树叶。“沐”字的金文字形和小篆字形将甲骨文字形中的混合结构写成左右结构，“沐”的隶书字形将小篆字形中的“水”写成三点水，楷书的字形没有太大变化，只是笔

画变得更加平直。

许慎在《说文解字》里认为“沐”是一个形声字，从水、木声，并进一步注解道：“沐，濯发也。”什么是濯发呢？就是清洗头发的意思。《论衡》中有：“沐者，去首污（垢）也。”“沐”就是去除头部的污垢，洗净头发的不干净之处。其实早在商周时期，定时洗头发已经成为当时重要的仪式或风俗，《诗经·小雅》中也曾经提及：“予发曲局，薄言归沐。”原文的意思是我头发都打卷了，我要回去洗个头！而我们比较熟悉的成语“栉风沐雨”，则是说拿风当梳子，拿雨当洗发水，比喻辛苦奔波，饱经风雨。

古人究竟多久洗一次头呢?《礼记》中有这样的记载:“五日则燂汤请浴,三日具沐。”由此可见,古人三天左右洗一次头发。那么古人洗头的时候会用什么样的洗发用品呢?在《礼记》中还有这样的一段记载:“沐稷而靧(huì)粱。”这里的“沐”就是洗发,那么“稷”又是什么呢?“稷”被认为是取稷粱之潘汁,即淘洗高粱后留下的水,其实就是今天所说的淘米水,这种水古人又称为“淅米水”,在古代被认为是一种高级的洗沐用品。

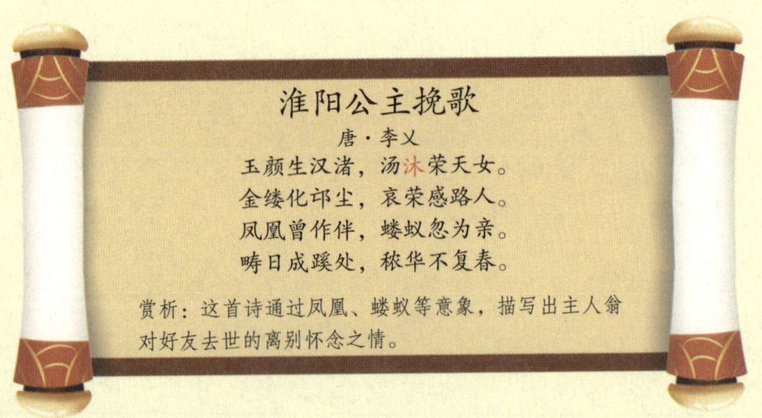

淮阳公主挽歌

唐·李乂

玉颜生汉渚,汤沐荣天女。
金缕化邛尘,哀荣感路人。
凤凰曾作伴,蝼蚁忽为亲。
畴日成蹊处,秾华不复春。

赏析:这首诗通过凤凰、蝼蚁等意象,描写出主人翁对好友去世的离别怀念之情。

【杨小平 西华师范大学文学院 教授】

浴

古人洗澡有什么讲究？

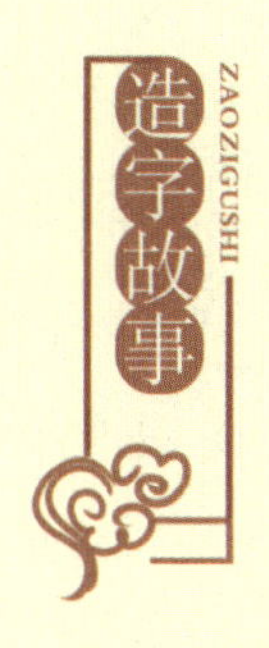

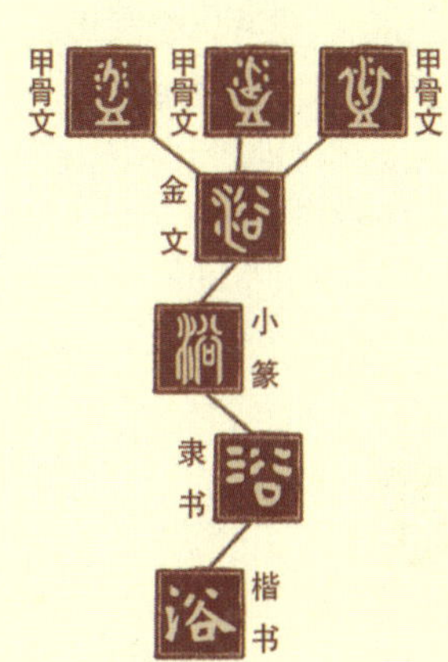

“浴”字是会意字，甲骨文有三种写法，都是上下结构，一种是上面像人身上溅着水花，下面是皿表示水盆，像一个人站在洗澡盆里洗澡。一种是加“止”，也就是脚，表示整个人站在水盆里。还有一种是将“人”写成

“倒人”，表示洗头。“浴”字三种写法都是一个人置身于盆里，用水淋身，而且也不难看出这种洗澡方式，还是十分畅快舒服的。小篆继承金文字形，隶书将小篆的“水”写成“三点水”，写法与现代汉字一样。楷书与隶书一样，只是笔画更平顺。

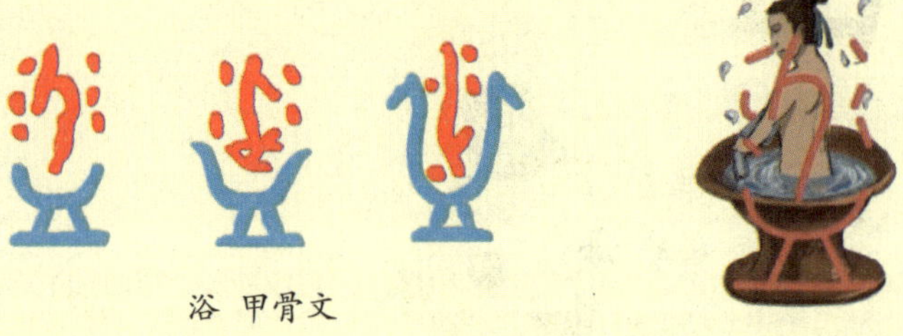

浴 甲骨文

《说文解字》里说：“浴，洒身也。”“洒身”就是洗身体。也就是说“浴”的本义是洗身体。

在“浴”字的金文字形中，左边是水，右边是谷——山谷的意思，合起来表示在山谷溪涧洗澡。实际上，仔细分辨金文的字形还是能够看到人的影子，只不过不太明显，右边的下面不是“口”，而应该是“止”的变形，代表人的脚，上面则是水。金文中“浴”字中的“谷”，是字形讹变的结果。

浴 金文

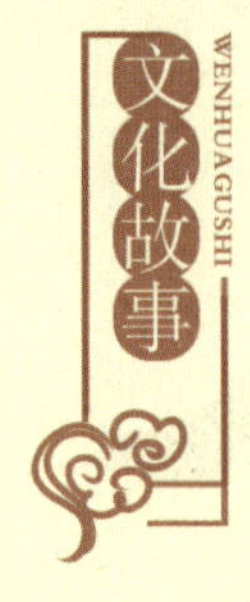

大家可能会十分好奇，古人究竟是怎样洗澡的呢？古代，浴室称为湢（bì），浴盆则名杅（yú）。《礼记·玉藻》记载：“浴用二巾，上絺下绤（xì）。出杅（yú），履蒯（kuǎi）席，连用汤；履蒲席，衣布晞身，乃屦，进饮。”这段文字简洁而生动地描述了古人洗澡的整个过程：准备两条毛巾，细的擦上身，比较粗的擦拭下身，出浴盆后要站在草席上再用热水冲洗一遍，然后穿上衣服和鞋子，而后喝点东西以暖胃口。这个过程显得非常科学而且有序。

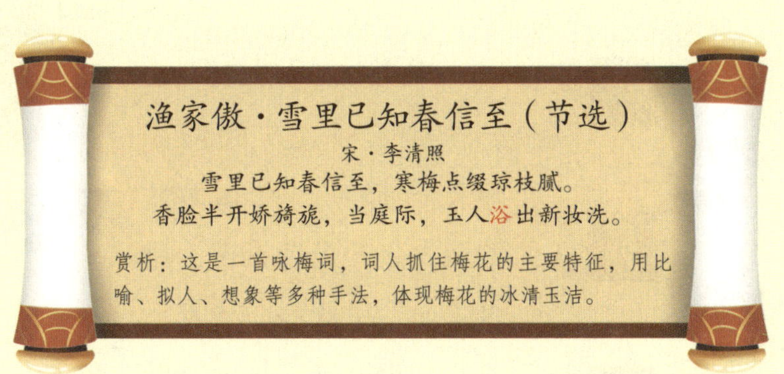

渔家傲·雪里已知春信至（节选）

宋·李清照

雪里已知春信至，寒梅点缀琼枝腻。
香脸半开娇旖旎，当庭际，玉人浴出新妆洗。

赏析：这是一首咏梅词，词人抓住梅花的主要特征，用比喻、拟人、想象等多种手法，体现梅花的冰清玉洁。

【主讲人：杨小平 西华师范大学文学院 教授】

分

古代的『一分』跟现代的『一分』米是一个概念吗？

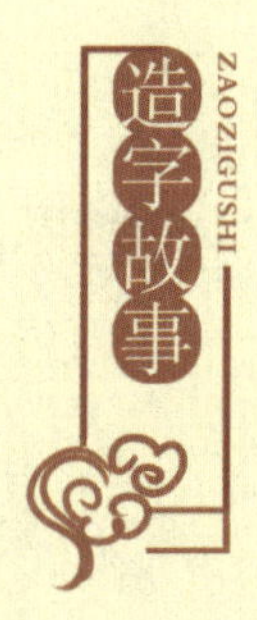

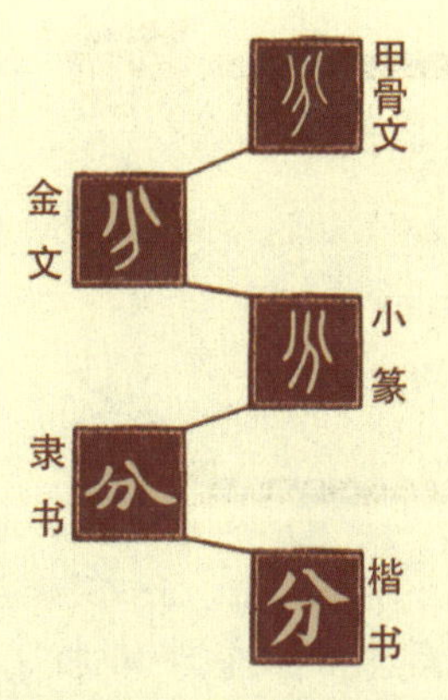

甲骨文的“分”是一个会意字，中间的字形是一把刀，把上面的“八”分开成为两半。所以“分”字从八，从刀。刀我们都知道，是一种锋利的器物，可以把事物剖开。八呢，像两个物体背对背放着的形状，本来就

表示物体分别。“分”这个字形再在中间放一把刀，加深了把物体从中剖开，使得它两半分离的意义，所以它的本义就是分开、分割。

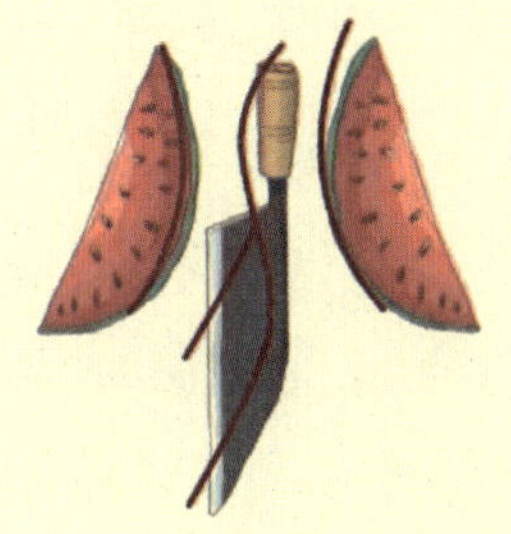

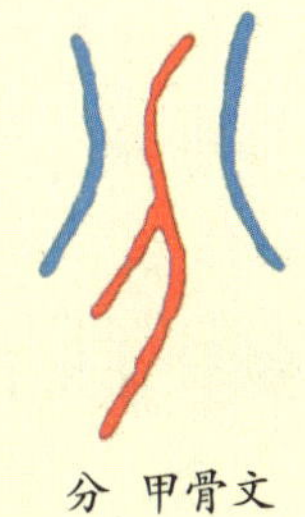

分 甲骨文

金文的分和甲骨文基本相同，刀的形体更加规范。小篆继承了甲骨文、金文的写法，更加美观规范。

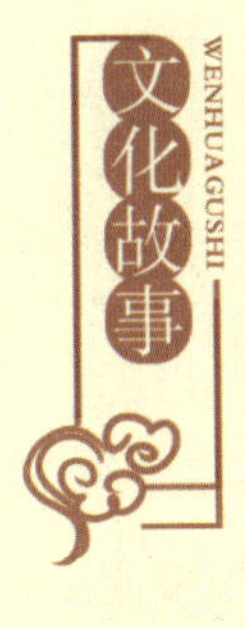

由分的本义引申出了很多与分开有关的意义。比如分辨、区别，《论语》里说：“四体不勤，五谷不分，孰为夫子？”子路和孔子出游，迷路了，子路就去向路边耕种的隐士问路。隐士说孔子“四体不勤”，“四体”指人的双手双脚，“四体不勤”就是指手脚不劳作，“五谷不分”，“五谷”是古代常用的五种农作物，“五谷不分”就是指各种谷物都分辨不出来，这是隐士在讽刺孔子不参加生产劳动。

古代中国的长度体系里，分是日常所用的一个很小的单位。一分是一尺的百分之一，一寸的十分之一，相当于我们现在所用公制单位3.33毫米左右。当然，我们如今用的分米这个单位跟古代长度体系里面的分是不一样的，古代的一分相当于现在的3.33毫米左右，现代的一分米等于100毫米，所以现代的一分米要比古代的一分长很多。

1分=0.1寸=0.01尺

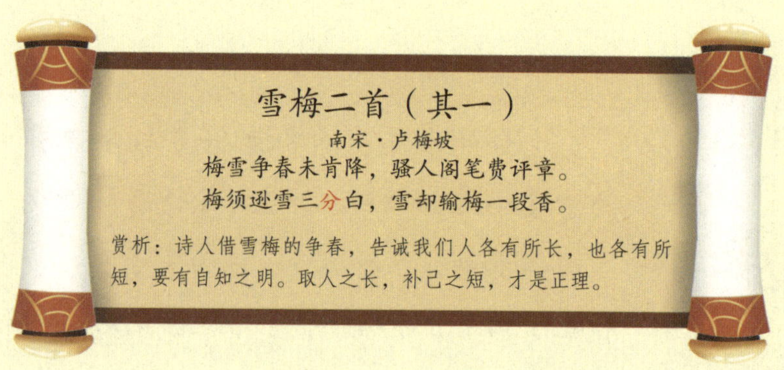

【主讲人：陈练文 武汉大学文学院 讲师】

寸

你知道“一寸光阴”的说法是怎么来的吗？

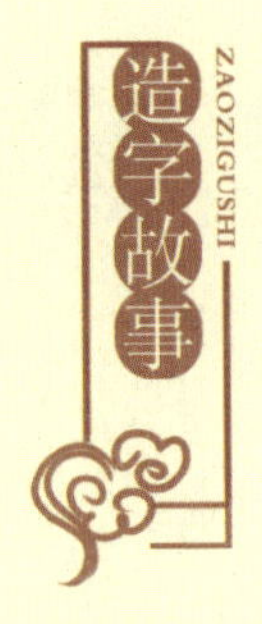

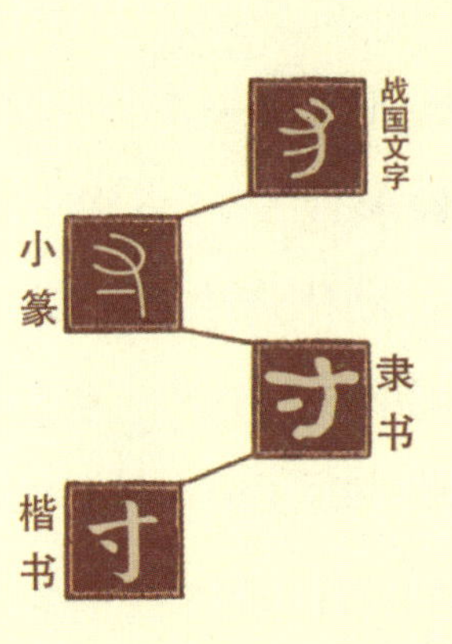

“寸”字在战国时期的睡虎地秦简中就出现了，是一个指事字，从又从一。“又”就是手的象形，在表示手的“又”下面加的一横，是表示手下腕部动脉的位置，这个位置距离手掌的距离大约就是一寸左右，叫寸口。

"寸"的本义指的是身体上的寸口这个部位。

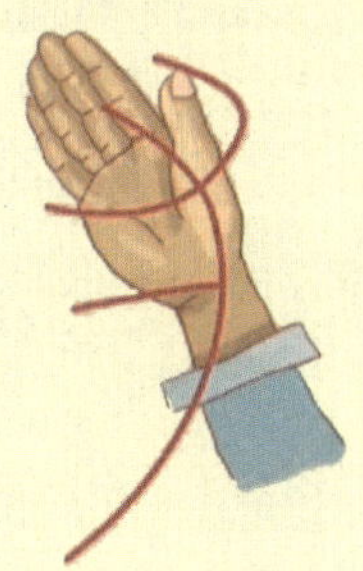

寸　战国文字
（睡虎地秦简）

小篆的"寸"更加线条化了。后来，"寸"字在书写过程中手的形状变平直，一横也变成一点，最后定型为我们现在楷书的形状。

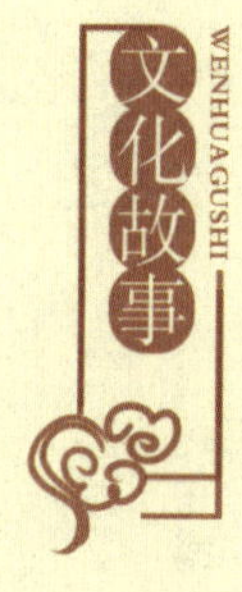

有句俗语叫"一寸光阴一寸金"，"一寸金"容易理解，金子的长度是可以量出来的，但是光阴是时间，为什么也可以用"寸"来衡量呢？原来光阴称"寸"，源于古人用"晷（guǐ）"来测算时间，"晷"又称作"日晷"。日晷是我国古代的一种通过测日影来定时刻的计时仪器，由晷盘和晷针组成。晷盘四周刻有十二个度，用来表示十二个时辰。晷针立在晷面正中间，并且垂直于晷面。在阳光下，晷针的影子指向晷盘的哪一位置，就能知道是哪一时刻。“一寸光阴”，就是晷针的影子在晷盘上移动一寸所耗费的时间。古人说“一寸光阴一寸金，寸金难买寸光阴”，那是把时间看得比金子还重要。古人尚且如此，身处这个知识爆炸、竞争空前激烈的新时代的我们，还有什么理由不珍惜宝贵时间，努力学习和工作呢？

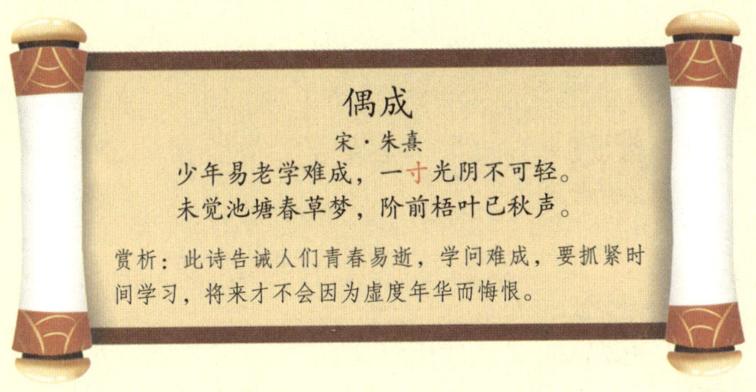

偶成

宋·朱熹

少年易老学难成，一寸光阴不可轻。
未觉池塘春草梦，阶前梧叶已秋声。

赏析：此诗告诫人们青春易逝，学问难成，要抓紧时间学习，将来才不会因为虚度年华而悔恨。

【主讲人：陈练文 武汉大学文学院 讲师】

尺

身高八尺的张飞按现在的长度标准来看是多高？

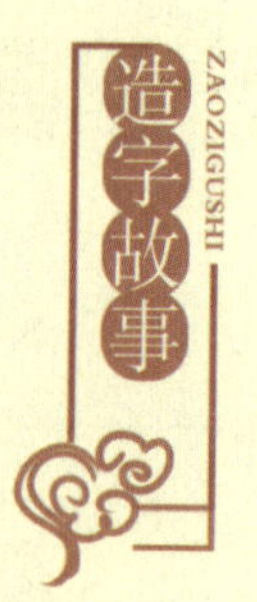

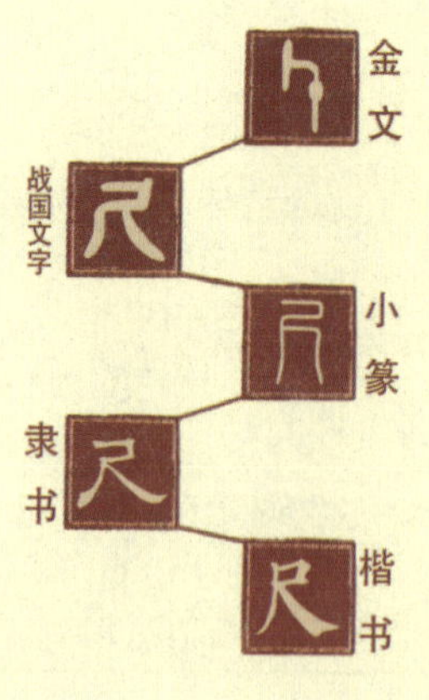

金文的“尺”像一个人形，据专家考证这个字释为“乇”，也读chǐ，但是乇的字形和表长度单位的“尺”关系不大，像一个头部垂下的草的形状。很可能是“尺”字假借了它的形体表意。

后来，睡虎地秦简

中的“尺”左边的一竖拉长弯曲，变得像“尸”字的形状。小篆的“尺”和这种讹变后的形体一致。《说文解字》根据小篆字形，解释尺为从尸从乙，很可能不是很准确，但它对其字义的理解没有什么大的问题。《说文解字》认为：“尺，十寸也。人手却十分动脉为寸口。十寸为尺。尺，所以指尺规矩事也。”之前讲寸的时候，我们说过寸是手掌边缘到手腕动脉间的距离。尺呢，也是表示长度的，十寸就是一尺。

隶书继承了小篆字形。楷书中左边的“尸”写成了封口的形体，“尺”字就定型至今了。

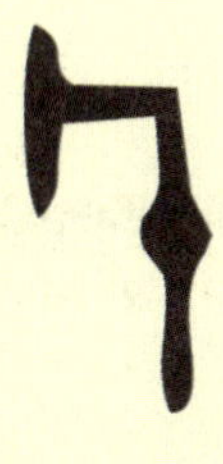

尺 金文

尺、寸、丈、仞都是依照人的身体特征来制定的长度标准，而每个人的身体结构都不一样，各个朝代的标准也各不相同。我们现在所见到最早的尺是商代的。在河南殷墟曾经出土了一支骨尺和两支牙尺。其中骨尺是由一根兽骨磨制而成的，全长16.95cm，这是商代一尺的大致长度。三国时期的一尺大约相当于24.2cm，八尺高的张飞就是1米9多，相当高大。可见，我们不能用现代的尺度去算古人的身高。

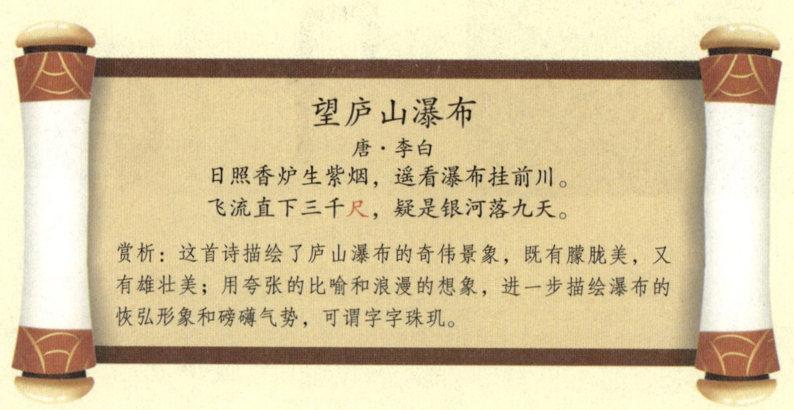
望庐山瀑布

唐·李白

日照香炉生紫烟，遥看瀑布挂前川。

飞流直下三千尺，疑是银河落九天。

赏析：这首诗描绘了庐山瀑布的奇伟景象，既有朦胧美，又有雄壮美；用夸张的比喻和浪漫的想象，进一步描绘瀑布的恢弘形象和磅礴气势，可谓字字珠玑。

【主讲人：陈练文 武汉大学文学院 讲师】

丈

『丈夫』这个称谓跟表示长度的『丈』有关系吗？

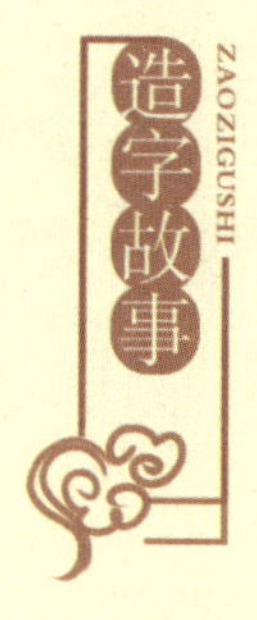

“丈”字出现于战国时期，睡虎地秦简的“丈”字下面是一只手，上面是一个十字形。《说文解字》说它“从又持十，十尺也”。“又”是下面那个手的形状，“十”是上面那交叉的符号。许慎解释说，这个“十”就是

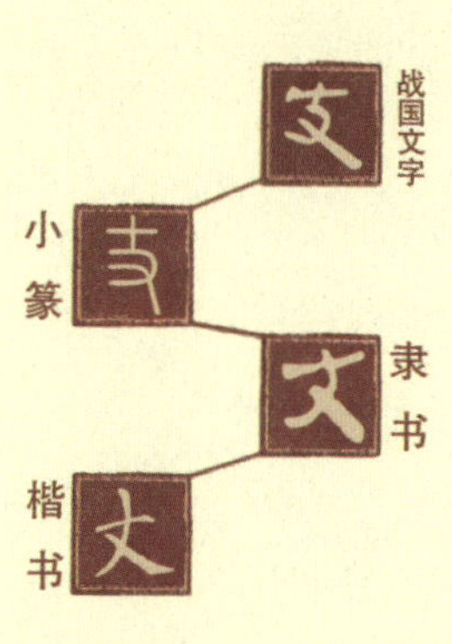

十尺长的尺子，所以手里拿着十尺长的尺子，就用来表示十尺长的长度，也就是一丈。

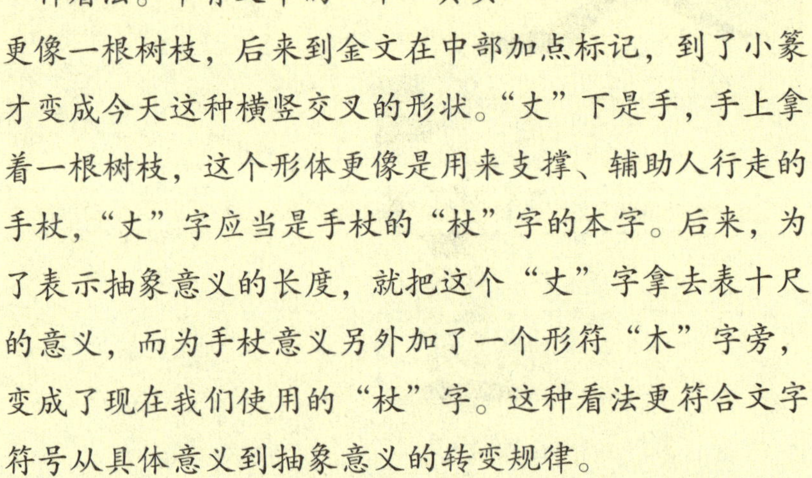

但是对这个字的解释也有另一种看法。甲骨文中的“十”其实更像一根树枝，后来到金文在中部加点标记，到了小篆才变成今天这种横竖交叉的形状。“丈”下是手，手上拿着一根树枝，这个形体更像是用来支撑、辅助人行走的手杖，“丈”字应当是手杖的“杖”字的本字。后来，为了表示抽象意义的长度，就把这个“丈”字拿去表十尺的意义，而为手杖意义另外加了一个形符“木”字旁，变成了现在我们使用的“杖”字。这种看法更符合文字符号从具体意义到抽象意义的转变规律。

小篆的“丈”线条更加平直、美观些。后来隶书的“丈”将“十”中的一竖与“又”中的一撇连写了，成了现在我们看到的“丈”字。楷书跟隶书字形差不多。

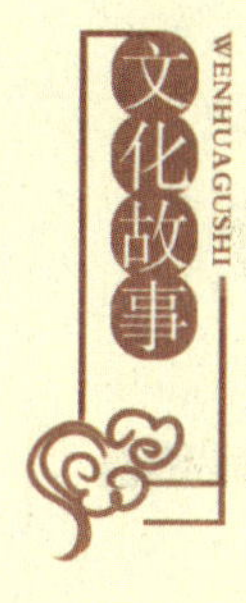

“丈夫”的称谓起源于周代，《说文·夫部》说：“周制以八寸为尺，十尺为丈。人长八尺，故曰丈夫。”古代区分成年人与未成年人主要是依据其身高。周代时成年男子按照当时的长度单位计算，大概7～8尺高，也就是约等于我们现在的1米6到1米8的身高。所以古文中经常有“七尺男儿”“身高八尺”的说法。7、8尺接近一丈的长度，所以就把一丈高作为区分成年人与未成年人的标准，成年男子称为“丈夫”，这是丈夫的本义。男性成年后可以结婚，这个词才进一步引申出了现代汉语中常用的“已婚女子的配偶”这个意义。

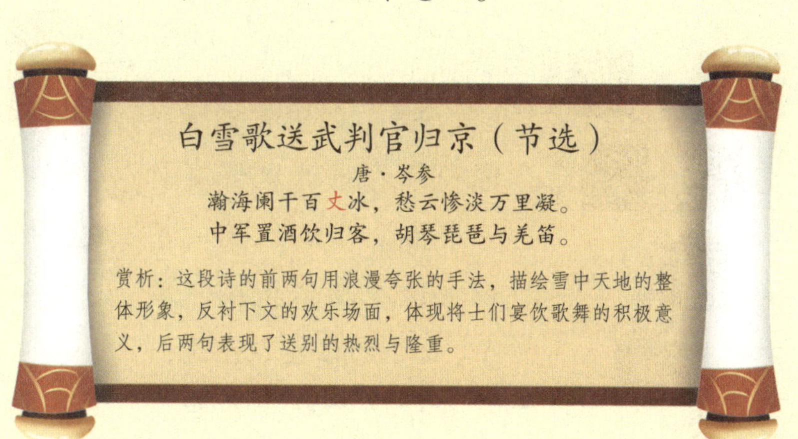

白雪歌送武判官归京（节选）

唐·岑参

瀚海阑干百丈冰，愁云惨淡万里凝。
中军置酒饮归客，胡琴琵琶与羌笛。

赏析：这段诗的前两句用浪漫夸张的手法，描绘雪中天地的整体形象，反衬下文的欢乐场面，体现将士们宴饮歌舞的积极意义，后两句表现了送别的热烈与隆重。

【主讲人：陈练文 武汉大学文学院 讲师】

寻

『寻常』原来不寻常，竟然跟长度有关！

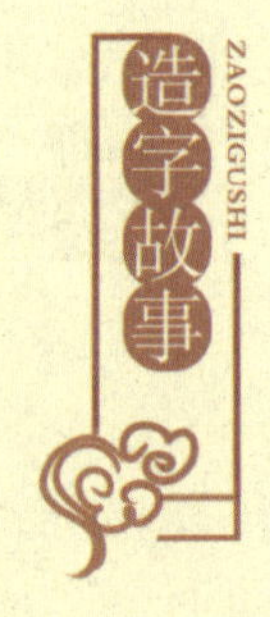

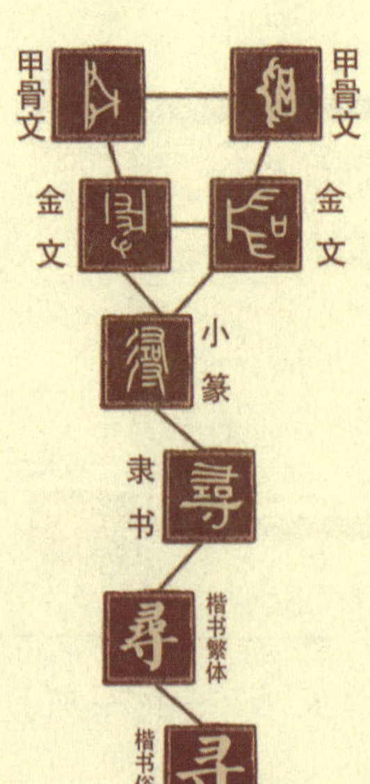

“寻”的甲骨文字形像一个人张开双臂测量一个物体的长度，有的字形把这个物体换成了席子，双手的位置在左边，就好像张开双臂在量席子，所以它的本义就是人张开双臂的长度，一般大约八尺，八尺就是一寻。

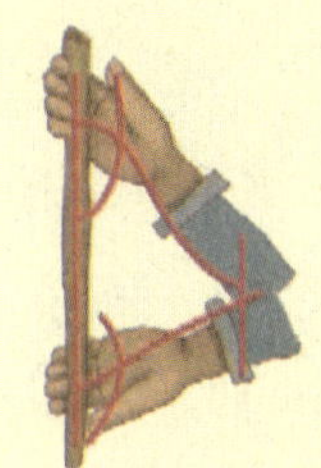

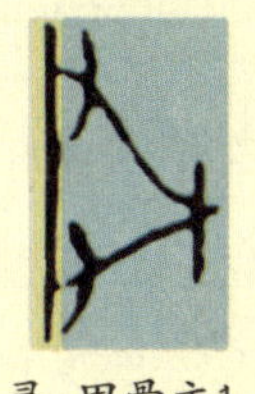

寻 甲骨文1

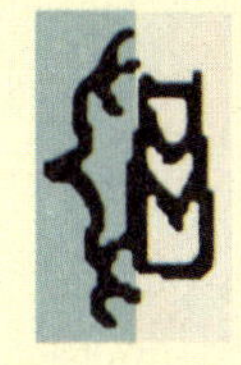

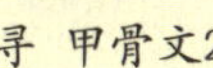

寻 甲骨文2

金文里面“寻”的字形发生了变化，出现了多种变体，比如有的字形在下部添加了一只手，有的字形双手在左，右边则变成了口字形。

寻 金文1

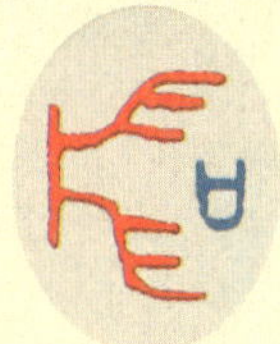

寻 金文2

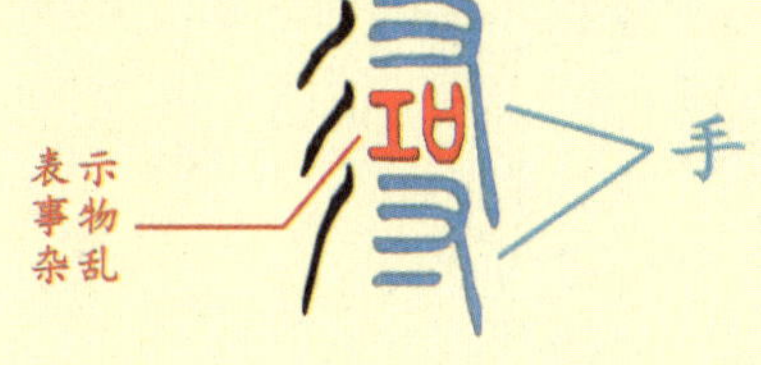

寻 小篆

小篆的“寻”在双手之间加了“工”“口”两个表义符号，左边则添加了“彡”这个表音符号，下部那只手下面加了一短横，变成了“寸”。《说文解字》根据小篆字形，解释它是“绎理也。从工从口从又从寸。工、口，乱也。又、寸，分理之。彡声”。就是说这是个由很多部件组成的会意字，中间的“工”和“口”表示事物杂乱，下面的“寸”和上面的“又”，都是手，用手把乱的东西整理好，就是“寻”。左边是“彡”，表声。然后引申出长度这个意义来。

隶书和繁体楷书省去了表读音的“彡”。俗体楷书进一步省去了“工”“口”两个表意符号，成了我们现在所用的“寻”字。

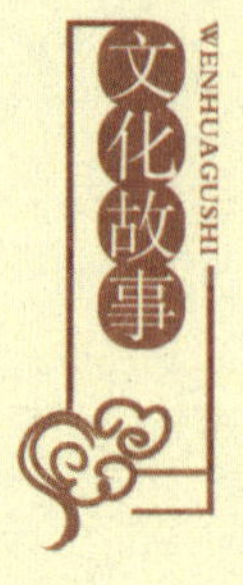

《史记索隐》分析古代测量长度的时候说：把两手水平张开，有八尺长，叫寻。而测量深度的时候也用两手张开去量，但是因为要侧身曲臂，长度就只有七尺了，叫做仞。八尺为寻，倍寻为常，倍常为三丈二尺。古人把寻两倍的长度叫做常，所以“寻常”就经常连在一起使用，指很普通的长度。

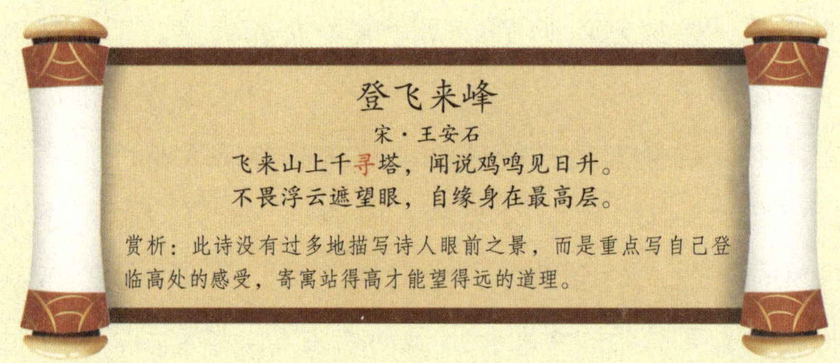

【主讲人：陈练文 武汉大学文学院 讲师】

你知道绞丝旁『纟』是怎么来的吗？

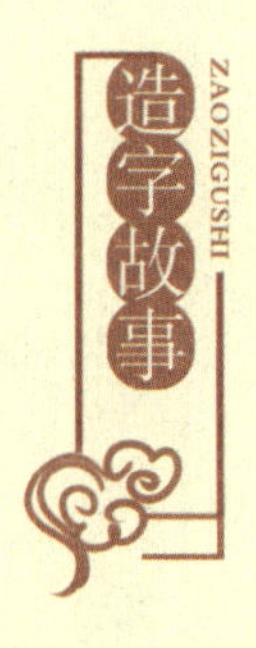

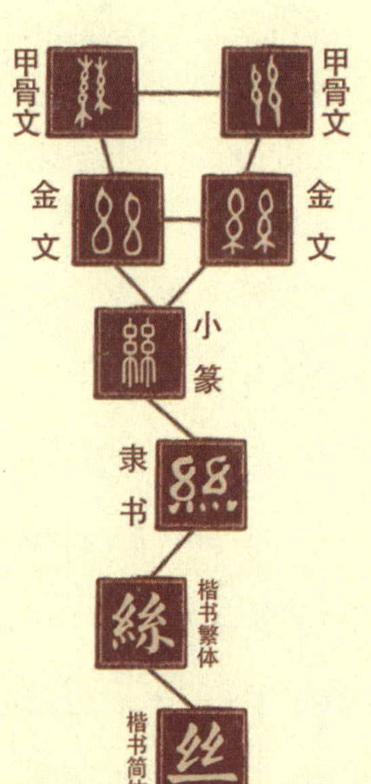

甲骨文的“丝”像两束丝组合在一起的形象，而且每束丝的两端都打了结。有的甲骨文省去了丝线两端打结的结头。

金文中，有的字形跟第二种甲骨文一样，没有两端的结头，有的则只有丝线的下端有结头。

小篆承续了这种只有下端有结头的写法，而且线条更加规整、美观。《说文解字》说道：“丝，蚕所吐也。从二糸（mì）。”丝就是蚕所吐的像细线的东西，字形采用两个“糸”会意，“丝”的本义就是蚕丝。

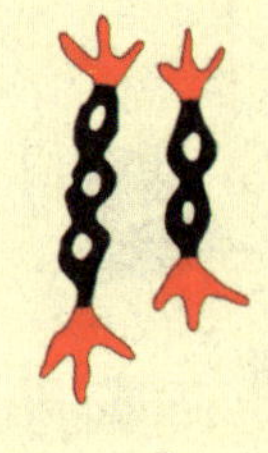

丝 甲骨文1

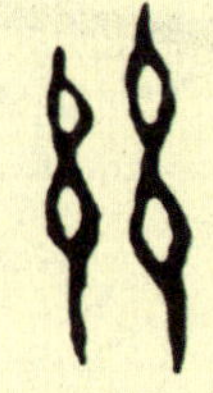

丝 甲骨文2

“丝”本义指蚕丝。蚕丝是细长的、像线一样的东西，所以“丝”就可以引申指那些线形的、纤细的事物，比如头发丝、南瓜丝、粉丝。

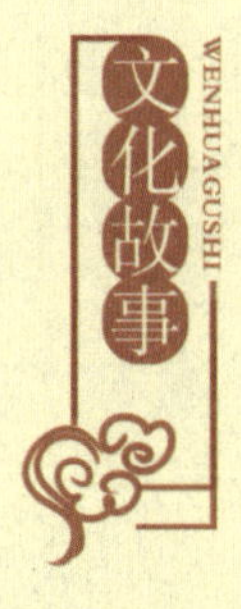

“丝”和“糸”是两个字，古代也是两个部首，比如《说文解字》和字书《玉篇》，就是把它们分为两个部首的。后来，这两个字的字音和字义都合二为一。例如较晚的宋代《集韵》，就把这两个字当成了同音字处理，并说“糸”是“丝”省去了一边。后来有的字典字书又把“丝”归到糸部，于是就

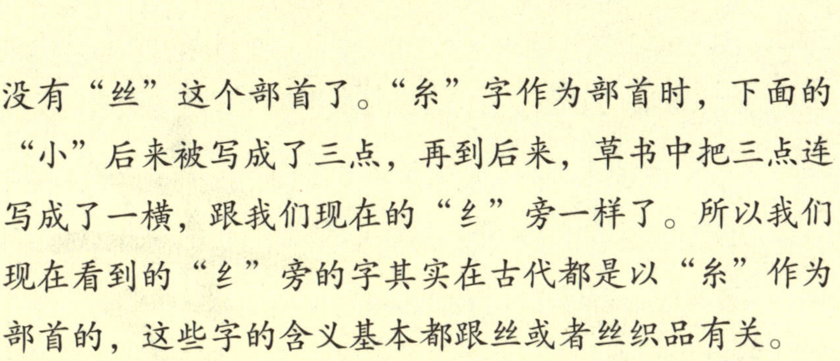

没有“丝”这个部首了。“糸”字作为部首时，下面的“小”后来被写成了三点，再到后来，草书中把三点连写成了一横，跟我们现在的“纟”旁一样了。所以我们现在看到的“纟”旁的字其实在古代都是以“糸”作为部首的，这些字的含义基本都跟丝或者丝织品有关。

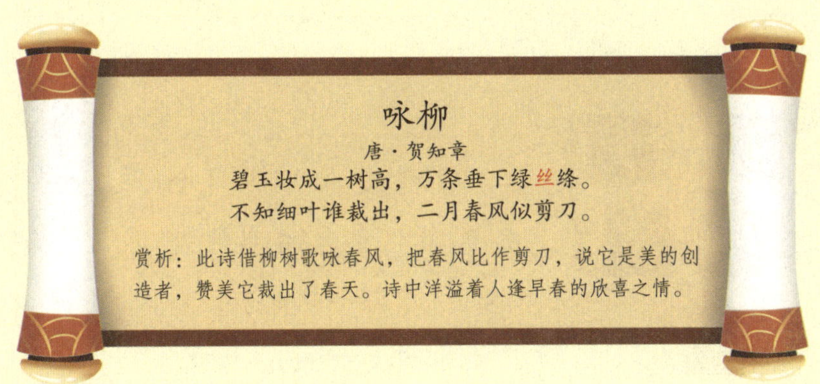

【主讲人：杨逢彬 上海大学中文系 教授】

专

专一的『专』最初竟然指的是一种纺织工具！

zhuān

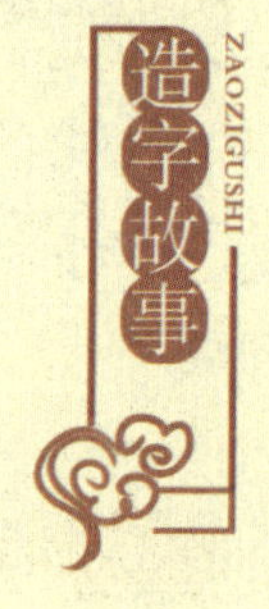

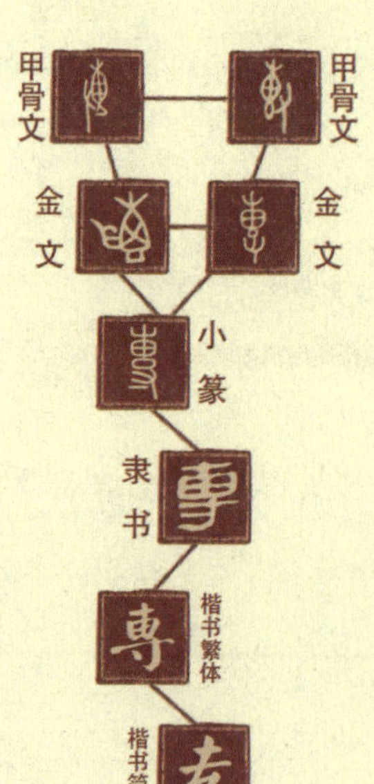

甲骨文的“专”是个会意字。左边的部件是“又”，“又”就是手，右边的部件是纺砖的形象。手和纺砖组合在一起，表示用手纺线的意思。还有的甲骨文字形是手在右边，纺砖在左边，虽然这些字形体略有差别，但是表达的意思是一样的，那就是纺锤。这个字我们后来写作“專”，简化字就是“专”。

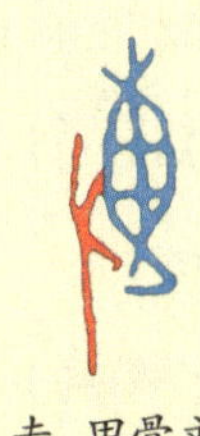

专 甲骨文1

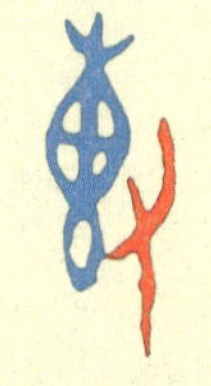

专 甲骨文2

金文的“专”构成部件跟甲骨文差不多，有的字左边是手，右边是纺砖，只不过甲骨文的手是朝上的，这个字形里面的手是朝下的。还有的字则把手移到了纺砖的下面。

专 金文1

专 金文2

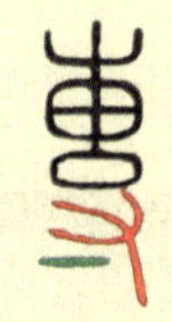

专 小篆

小篆的“专”手在下面，而且手下面加了一短横，成了“寸”字。

隶书和繁体楷书把笔画进一步拉平拉直，更为符号化。俗体楷书依据草书字形进行了简化，成了我们现在看到的“专”字。

专 隶书

专 繁体楷书

专

专 俗体楷书

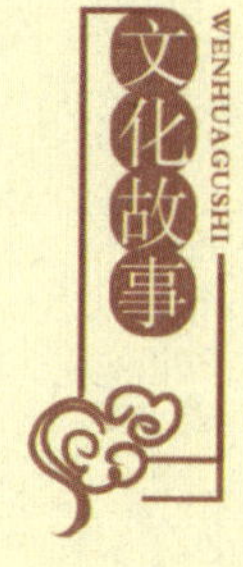

“专”的本义就是纺线用的纺锤。纺锤是土做成模型烧成的瓦器。那“专”是如何由纺锤这个本义引申出专一、专注等含义的呢？那么长的线，都只绕在一根短短的轴上，“专”自然就产生了专一、专注的意思了。王安石说：“夫人之才，成于专而毁于杂。”是说一个人要有所成就，必须专心致志于某件事，不能一件事还没干成，就想着去干其他的事情。

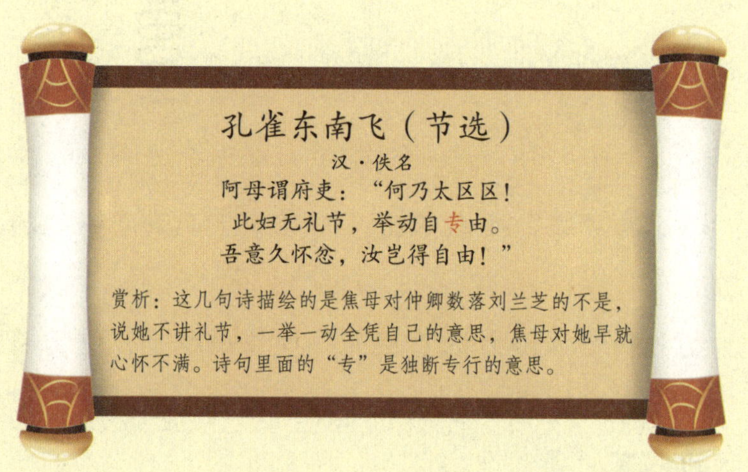

【主讲人：杨逢彬 上海大学中文系 教授】

经

『经』的古文字字形里面竟然有织布机的形象！

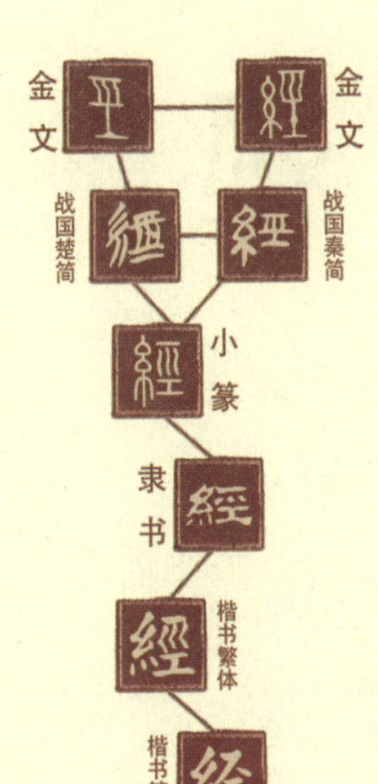

“经”的本字是巠（jīng），在金文中就出现了，是个象形字，你看，这个字形的上部有三条纵向排列的线，表示在

织机上精心布置的众多纵线，下部的像“工”一样

的形体和最上部的一横表示的是织布机。后来，巠成了一个构字部件，于是另外一个金文字形就在左边加了一个形旁糸，右边的部件巠除了表读音，同时也有表意作用。“经”字的本义是织布机上的纵线，也就是经线。

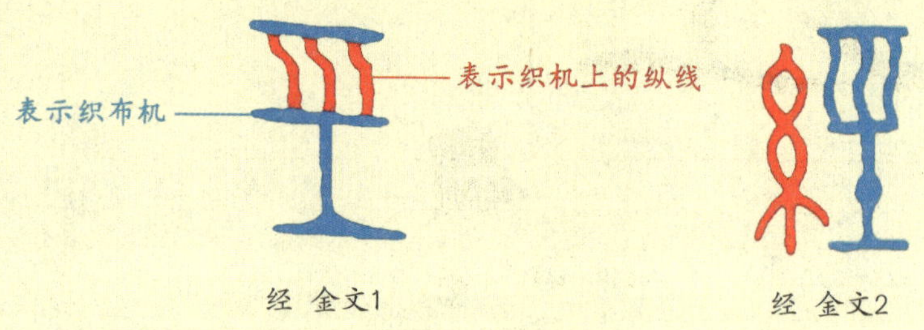

经 金文1　　经 金文2

“经”的战国文字字形较多，比如包山楚简中的这个字形，左边是形旁糸，右边的部件巠相较于金文变化较大，但还是能看出纵线和织布机的大体形态。睡虎地秦简里面“经”的字形很明显继承了“经”的第二个金文字形。

经 战国楚简　　经 战国秦简　　经 小篆

小篆的“经”继承的是第二个金文和睡虎地秦简的写法，笔画更加规整美观。《说文解字》说：“经，织从丝也。”从，就是“纵”。意思就是“经”就是织布时候所用的纵向的丝线。

因为"经"是纵向的，"纬"是横向的，词义引申扩展，人们就把南北向的道路叫做"经"，把东西向的道路叫做"纬"。《周礼·考工记》中说："国中九经九纬。"指大都市中有许多南北向的道路，也有许多东西向的道路。世界地图上面的经线和纬线，之所以取名经线、纬线，就是因为这些线跟织布机上的纺线一样，也是横向和纵向垂直交叉排列的，两者有很强的相似性。

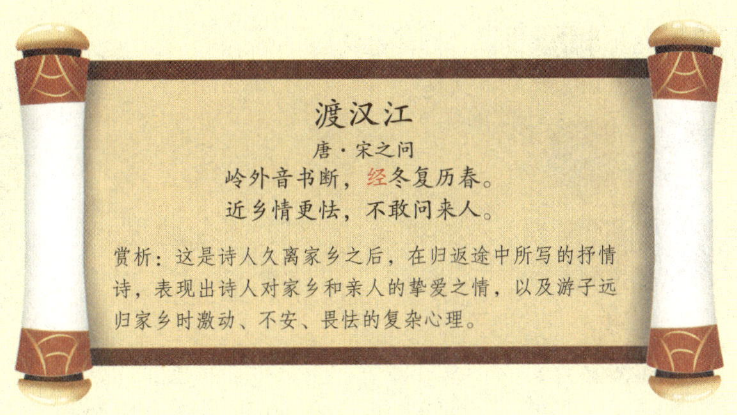

渡汉江

唐·宋之问

岭外音书断，经冬复历春。
近乡情更怯，不敢问来人。

赏析：这是诗人久离家乡之后，在归返途中所写的抒情诗，表现出诗人对家乡和亲人的挚爱之情，以及游子远归家乡时激动、不安、畏怯的复杂心理。

【主讲人：杨逢彬 上海大学中文系 教授】

绝

原来『绝』的古文字字形里面藏着一把刀！

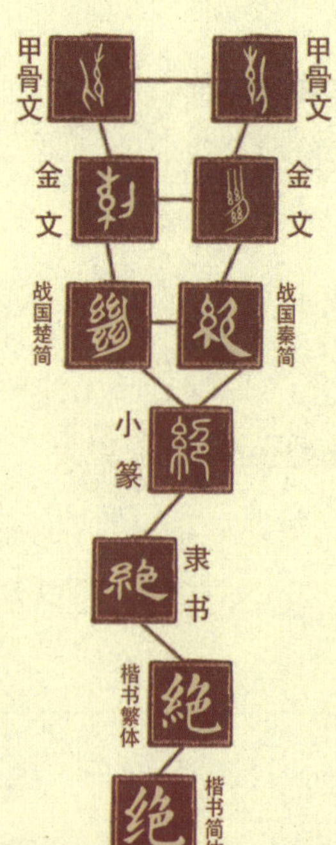

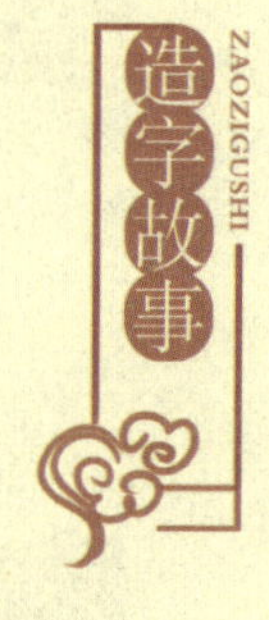

甲骨文的“绝”字左边是“刀”，右边是“糸”，糸就是丝线，两形会意，表示用刀把丝线割断，有的甲骨文字形刀在右，糸在左。

金文的“绝”有的继承了甲骨文字形；有的字形中，部件“刀”穿插在已被割断的两束丝中，可以说这个字形用来表示割断这个含义是最为贴切和形象的。

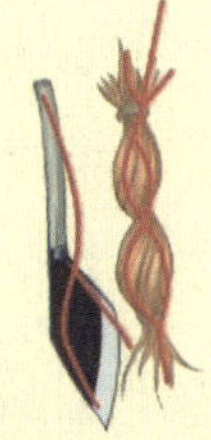

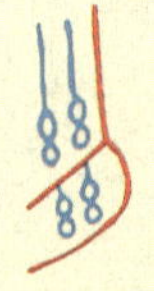

绝 甲骨文1　绝 甲骨文2　绝 金文1　绝 金文2

战国时期的楚系简帛文字里面，“绝”的字形很明显继承了第二个金文字形。

而睡虎地秦简里面的“绝”变成了一个从糸从刀从卩（jié）的会意字，小篆的“绝”采用的就是睡虎地秦简的写法。《说文解字》说：“绝，断丝也。”“绝”的意思就是切断丝线。

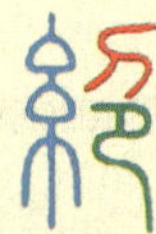

绝 战国楚简　绝 战国秦简　绝 小篆

由于“绝”字右边从刀从卩的部件与从人从卩的“色”字形体非常接近，后来“绝”就变成了从糸从色的字，隶书和楷书便是采用的这种从糸从色的写法，俗体楷书将繁体楷书中糸旁下面的三点连成了一笔。

绝 隶书　绝 繁体楷书　绝 俗体楷书

“绝”的本义是切断丝线，既然一刀两断，产生拒绝的意思也就不稀奇了。有个成语叫做“绝甘分少”。绝甘，就是拒绝甘美的食品；分少，就是一点吃的用的都跟别人分享。“绝甘分少”的意思是把好吃的东西让给人家，不多的东西与人共享。形容生活刻苦，礼让爱下，厚待他人。

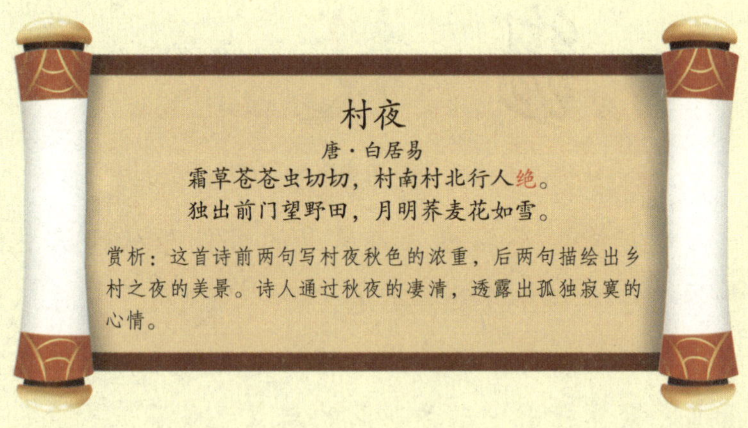

村夜

唐·白居易

霜草苍苍虫切切，村南村北行人绝。
独出前门望野田，月明荞麦花如雪。

赏析：这首诗前两句写村夜秋色的浓重，后两句描绘出乡村之夜的美景。诗人通过秋夜的凄清，透露出孤独寂寞的心情。

【主讲人：杨逢彬 上海大学中文系 教授】

医

最早的医生是外科大夫吗？

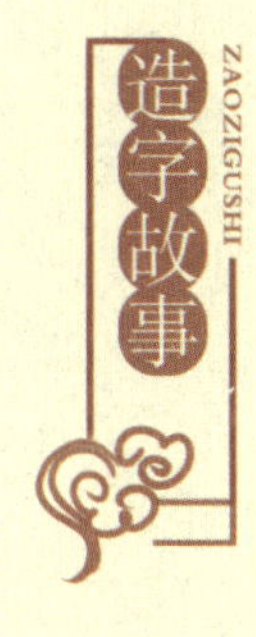

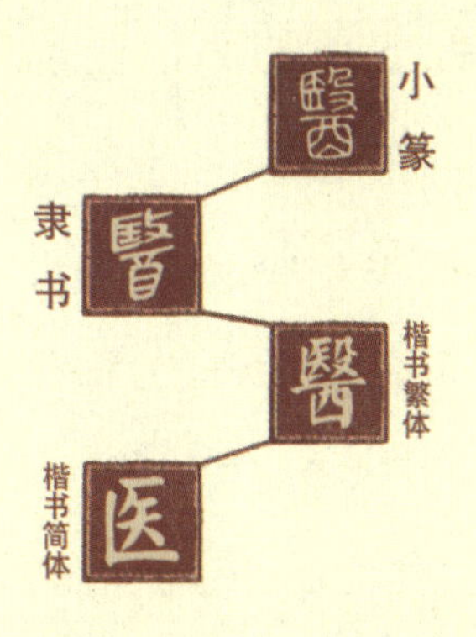

我们现在看到的“医”是一个简化之后的汉字，“医”的繁体写作“醫”，在小篆字形中，上面是声符殹，下面是形符酉，“醫”的隶书字形承袭小篆字形，字形结构趋于线条化，“醫”的楷书字形整体没有太大变

化，到汉字简化时，只取了“醫”字形中左上部的一部分作为简化后的“医”字。

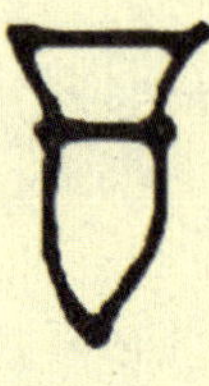
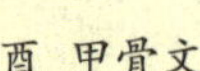

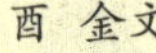

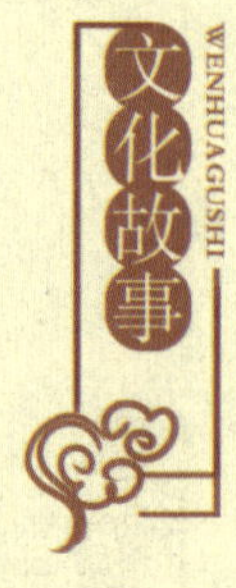

“医”字在古代的写法是“醫”，上面是殹（yì），下面是酉（yǒu），酉是形符，殹是它的声符。酉是盛酒罐子的象形，从酉的字，通常与酒还有发酵工艺有关，比如酒、酝酿、醇、酌、醉等。酒在古代往往是用于祭祀活动的，所以祭祀祖先神灵时要用到大量的酒器作为礼器。而最早的医生往往是由主持祭祀的人（巫师）来充当的。

古人治病除了与酒有关之外，还会用到艾灸等方式。在宋代画家李唐的《艾灸图》中，描绘了古代百姓治病的一个场景，在路边的树荫下，一个驼背的郎中，手持艾条，在患者背后施灸，病人坐在地上，表情痛苦，这幅作品生动、真实地刻画了当时的民风民俗。

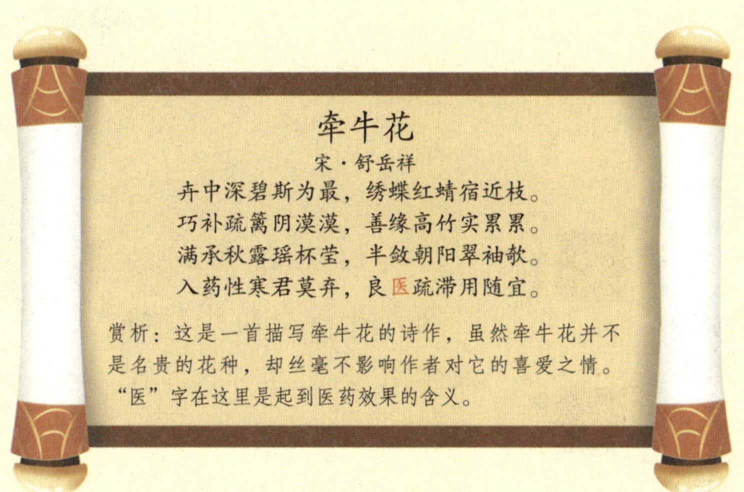

牵牛花

宋·舒岳祥

弁中深碧斯为最，绣蝶红蜻宿近枝。
巧补疏篱阴漠漠，善缘高竹实累累。
满承秋露瑶杯莹，半敛朝阳翠袖欹。
入药性寒君莫弃，良医疏滞用随宜。

赏析：这是一首描写牵牛花的诗作，虽然牵牛花并不是名贵的花种，却丝毫不影响作者对它的喜爱之情。“医”字在这里是起到医药效果的含义。

【主讲人：王准 湖北省社科院楚文化所 副研究员】

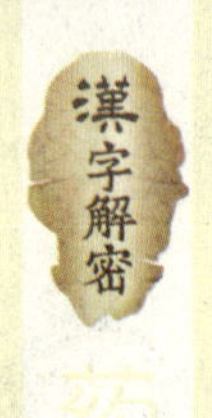

药

古代的治病『草』！

yào

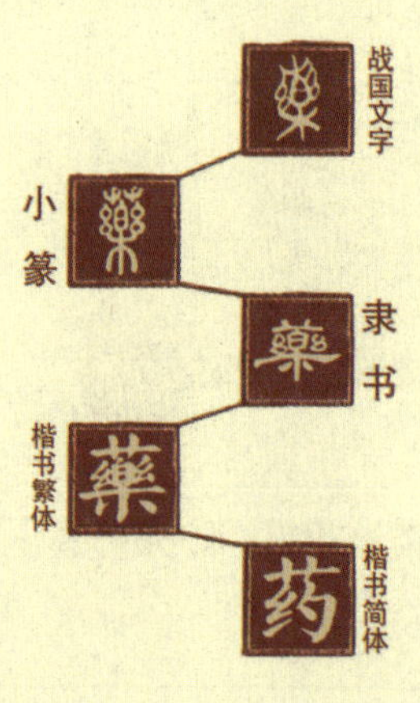

我们现在看到的“药”是一个简化后的汉字，“药”在古代写作“藥”。“藥”是一个形声字，在战国简帛文字中字形顶部的“屮”是它的形符，表示它是一种草本植物。下边的部分就念作樂（yào），和快乐的乐同一

个字形。其实它有三个读音，一个是音乐的乐（yuè），一个是欢乐的乐（lè），最后一个是樂（yào），表示喜欢的意思。《论语》中有一句“智者乐（yào）水，仁者乐（yào）山”，就是取喜爱之意。在中国古代的字书《说文解字》里注解说：“药，治病草。”意思是治病的草称为药。传说发明汤药的是商代的丞相伊尹。伊尹原本是做厨师的奴隶出身，但他不仅烹调水平极高，而且他还从烹调中悟出了治国的道理，伊尹认为只有当食材和火候各个方面搭配得刚刚好，这样才能算是达到真正美味的境界，而治理国家也是如此，只有君臣、君民关系调和，国家才能治理好，这样一种崇尚和谐的理念深得商王信任。

yuè	lè	yào
音乐	欢乐	樂

“藥”字在说文小篆中字形变得规整，在汉代隶书和唐代楷书中，“藥”的字形基本稳定下来。经过汉字简化之后，就变成今天看到的“药”字。

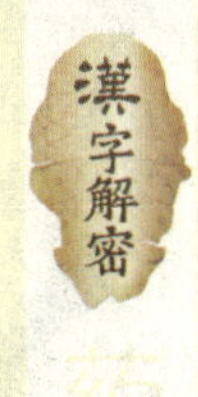

古代的人们，因为生活环境贴近自然，以及对抗疾病的需要，对于一些常用的植物草药都相当熟悉。《诗经》是我国最早的诗歌总集，里面就记载了多种植物的名称，在《诗经·王风·采葛》中就有："彼采葛兮，一日不见，如三月兮。彼采萧兮，一日不见，如三秋兮。彼采艾兮，一日不见，如三岁兮。"该诗采用夸张的笔法，生动地表达了对心上人的思念之情。而诗中的葛、萧、艾这三种植物，就全都属于"治病草"的中药。

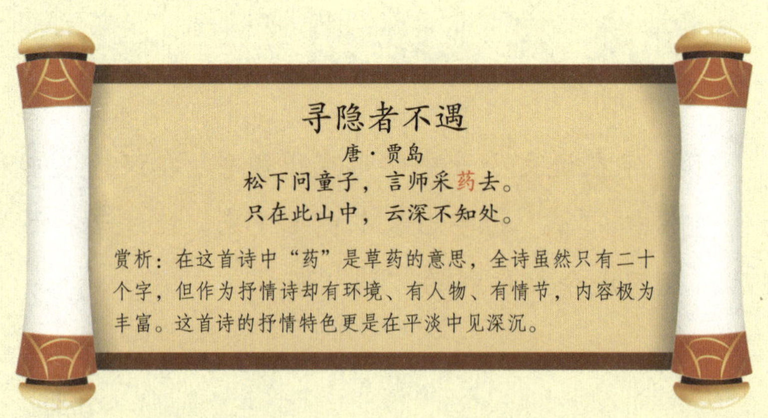

寻隐者不遇

唐·贾岛

松下问童子，言师采药去。
只在此山中，云深不知处。

赏析：在这首诗中"药"是草药的意思，全诗虽然只有二十个字，但作为抒情诗却有环境、有人物、有情节，内容极为丰富。这首诗的抒情特色更是在平淡中见深沉。

【主讲人：王准 湖北省社科院楚文化所 副研究员】

疾

最初的『疾』竟然指的是一种外伤。

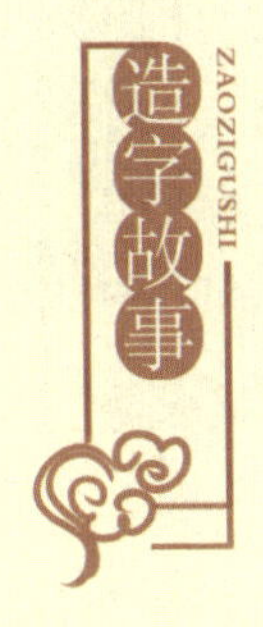

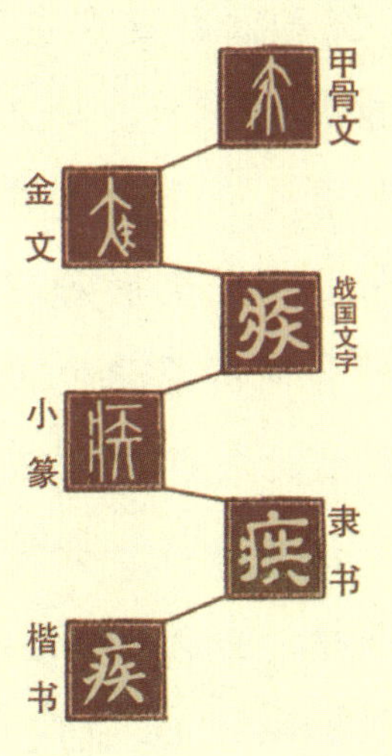

“疾”是一个会意字，在甲骨文中是这样写的：字形像一个人，在他的左边胳肢窝底下有一只箭，表示人中箭的意思。中箭之后会受伤、进而生病，这大概就是“疾”字本义的由来。西周金文继承了甲骨文的写法。到春秋时

期的侯马盟书中，字形发生很大变化，所从的人形替换成了“疒（nè）”，直接表示疾病。小篆和隶书中，字形一步步简化。到楷书中，字形最终稳定下来。

nè
疒

疾 侯马盟书字形

在“疾”字中，汉字偏旁“疒”是一个与疾病相关的偏旁，比如疥疮、瘟疫、疟、痴、瘤等这些有关疾病的汉字中都含有“疒”。“疒”的早期字形就像是人躺在床上的形象，左边的两个小部件是床脚的样子，到隶书中就演变成两个小点儿。

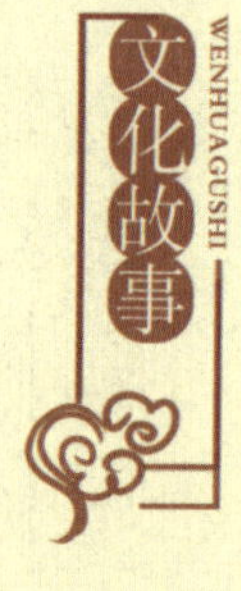

“疾”在《说文解字》里的注解是“疾，病也”，也就是说古人将病称作是疾。那么早期的医学理论是怎么解释人们患上疾病的原因的呢？春秋时期的著名医生医和提出了“六气致病说”。当时晋国国君请他来治病，医和告诫晋侯：“天有六气，降生五味，发为五色，征为五声，淫生六疾。六气曰阴、阳、风、雨、晦、明也。分为四时，序为五节，过则为灾。”医和所说的“阴、阳、风、雨、晦、明”六气，本是自然现象，如果自然变化过于急剧，就会使人发生疾病。阴、阳代表冷热，冷热变化会影响人体。风、雨是气象变化，也会让人得病。晦、明指黑夜与白天，如果没有好的起居习惯，废寝忘食，作息没有规律，也容易生病。

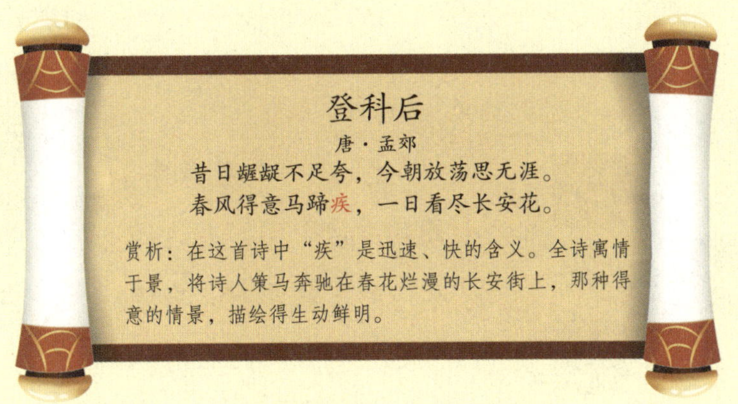

登科后

唐·孟郊

昔日龌龊不足夸，今朝放荡思无涯。
春风得意马蹄疾，一日看尽长安花。

赏析：在这首诗中“疾”是迅速、快的含义。全诗寓情于景，将诗人策马奔驰在春花烂漫的长安街上，那种得意的情景，描绘得生动鲜明。

【主讲人：王准 湖北省社科院楚文化所 副研究员】

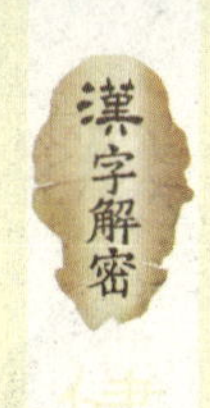

健

古人眼中的健康究竟是什么？

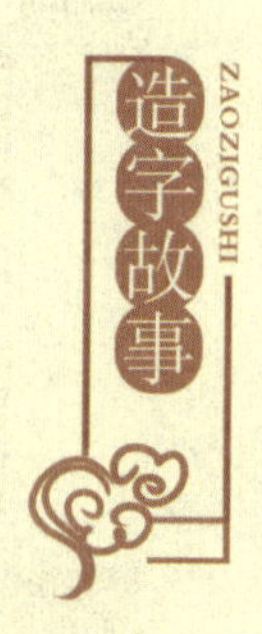

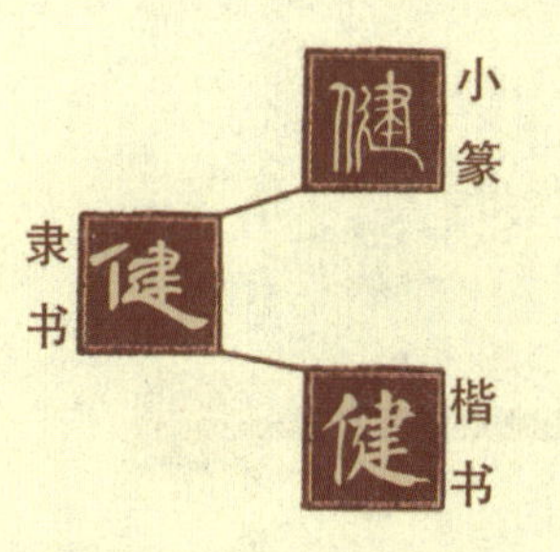

“健”是一个形声字。小篆的“健”字，左边的“人”是它的形符，右边的“建”是它的声符。从“人”的形符表示与人有关，在一些情况下可以表示与人的身体密切相关。比如“佳”字、“倩”字，都是形容人长得美好。“健”字也是如此，本义是指人的身体强壮。“健”字在汉代隶书中，笔画已经变得更简洁、连贯。唐代楷书中，字形就最终稳定下来。

健 小篆

“健”字本身包含“强壮有力”的意思，被古人赋予了崇高的内涵。大家都十分熟悉的“天行健，君子以自强不息”，这是出自《易经》乾卦中的一句，唐代学者孔颖达在《周易正义》中是这么解释的：万物或许有壮健的时候，然而只是一时极盛，最后都走向衰败、懈怠。相比之下，天的运行永远那么恒定、强健，带来稳定的四季交替，万物才能随之春生夏长、秋收冬藏，人类社会才能稳定发展。

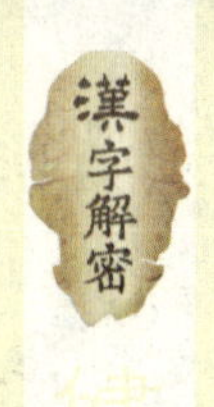

汉代初年，马王堆帛书随葬的导引图谱，绘制有四十多种导引图式，成为现今保存最早的导引图。到了东汉末年，名医华佗创编“五禽戏”，模仿虎、鹿、熊、猿、鸟等五种动物的动作。当身体感觉不适之时，演练一遍五禽戏，很快就能酣畅淋漓，身体都会觉得变轻了，胃口大开。

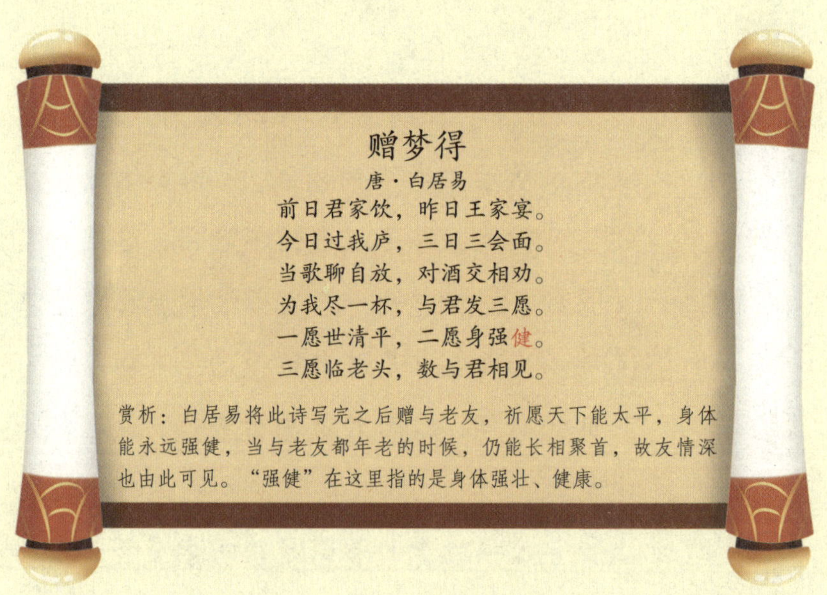

赠梦得

唐·白居易

前日君家饮，昨日王家宴。
今日过我庐，三日三会面。
当歌聊自放，对酒交相劝。
为我尽一杯，与君发三愿。
一愿世清平，二愿身强健。
三愿临老头，数与君相见。

赏析：白居易将此诗写完之后赠与老友，祈愿天下能太平，身体能永远强健，当与老友都年老的时候，仍能长相聚首，故友情深也由此可见。“强健”在这里指的是身体强壮、健康。

【主讲人：王准 湖北省社科院楚文化所 副研究员】

伤

在古代，人们是如何疗伤的？

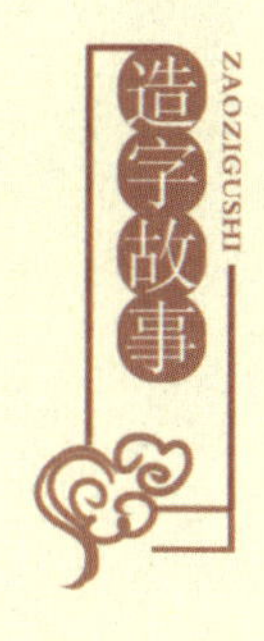

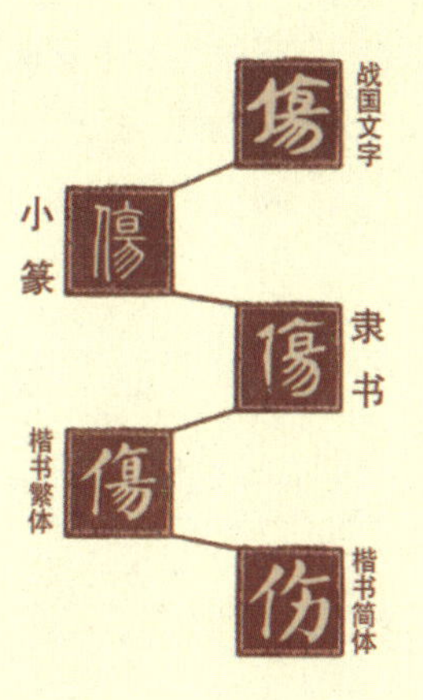

我们现在看到的“伤”字其实是汉字简化之后的汉字，它的繁体字形写作“傷”。这是一个形声字。在战国简帛文字中左边的“人”是形符。右边“𥏻（shāng）”虽然是它的声符，但字形并不完整，“𥏻”是从“𥏻

（shāng）”字省略而来，这种现象在古汉语中被称为“省声”。小篆字形仍比较复杂，笔画较为曲折。到汉代隶书中，笔画变得简洁。在唐代楷书中，字形最终稳定下来。经过汉字简化之后，就是今天我们看到的“伤”字了。

《说文解字》说：“伤，创也。”意思说创、伤同义，这也是今天“创伤”一词的由来。随后“伤”字也可以指“使人受伤”的动作。我们前面说到的伤，大都是人的肉体受到的伤害。心灵受到的伤害，其实也可以称之为伤，这便是伤心。同时人们会感觉到一种忧愁、悲苦的情绪，这便是“伤”字的引申义——悲伤。“伤”字后来又引申出太、过度的意思。唐代诗人李商隐的《俳（pái）谐》诗中写道：“柳讶眉伤浅，桃猜粉太轻。”形容美人眉如初柳，腮如粉桃，美丽动人。其中“伤”字与“太”字相对，正表示过度之义。

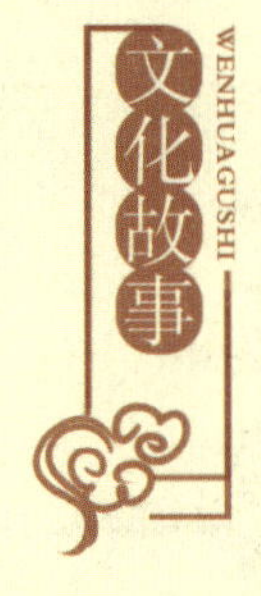

据《三国志》记载，关羽曾经被毒箭射穿左臂，虽然伤口痊愈，但余毒留在骨头上，时常带来疼痛。名医华佗把他的手臂重新割开，刮骨祛毒疗伤，在整个治疗过程中，虽然鲜血淋漓流满了一盘，但关羽却能与人喝酒吃肉，谈笑如常。这就是“刮骨疗毒”的故事，后人也用刮骨疗毒来比喻那些意志坚强的人。

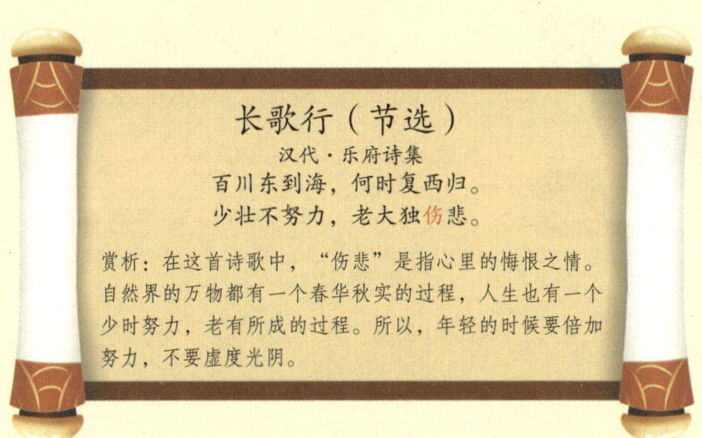

长歌行（节选）

汉代·乐府诗集

百川东到海，何时复西归。
少壮不努力，老大独伤悲。

赏析：在这首诗歌中，“伤悲”是指心里的悔恨之情。自然界的万物都有一个春华秋实的过程，人生也有一个少时努力，老有所成的过程。所以，年轻的时候要倍加努力，不要虚度光阴。

【主讲人：王准 湖北省社科院楚文化所 副研究员】

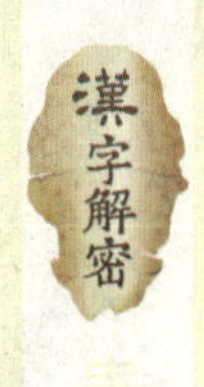

毒

毒药也能治病？

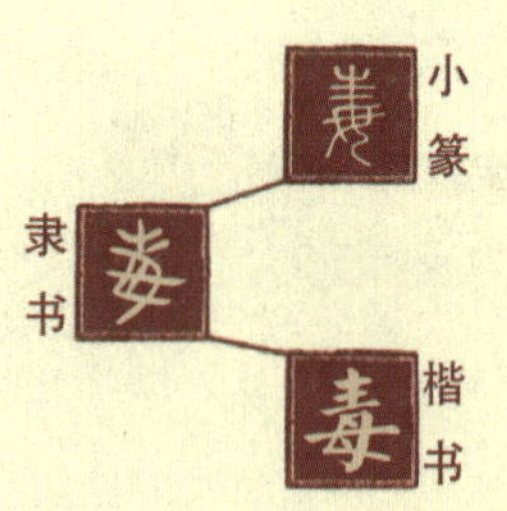

“毒”是一个会意字，在小篆里，“毒”字上部从“屮（cǎo）”，下部从“毐（ǎi）”。从“屮”表示毒原本是一种草本的植物。“毒”的隶书字形更加简化，笔画更加连贯。“毒”楷书字形没有太大变化，字形

基本稳定下来。

下部的“毐”字又从士、从毋，在古代，“毐”多是指男子品行不端正，一般用于人名，比如大家比较熟悉战国末期秦国人嫪毐（lào ǎi）。而每当人们一提起“毒”，我们就会联想毒药。那么，“毒”字是不是从一开始就指具有类似中毒和死亡效果的事物呢？从“毒”字字义的演变来看，恐怕不是这样的。在《说文解字》中注解说：“毒，厚也。害人之草，往往而生。”“毒”字原本是指害人之草，处处都有生长。那么“厚也”的意思就是厚重、强烈。所以“毒”在古代是一种药性强烈、气味浓厚的草本植物。

乌头

人们熟悉的成语“饮鸩止渴”出自《后汉书·霍谞传》。霍谞是东汉人，在当时他是有名的“小才子”。霍谞有个舅舅，名叫宋光。由于皇帝轻信谗言将宋光逮捕，关进了监狱。霍谞为了营救舅舅，他决定给当时掌管朝廷大权的大将军写一封信为舅舅申冤，在这封信里，霍谞说：舅舅宋光为人正直、秉公守法，这样的一个人怎么可能冒着死罪作奸犯科呢？这种做法就好比是一个人为了解渴而去饮鸩，喝毒酒。这样的话，食物还没进到肠胃里，刚到咽喉人就已经断气了。大将军读过这封信，觉得霍谞说得很有道理，于是重新审理案件，最终霍谞的舅舅得以沉冤昭雪。

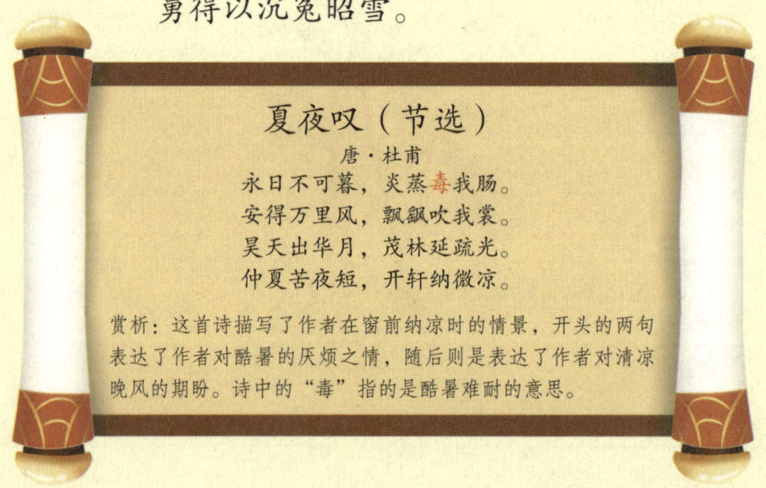

夏夜叹（节选）

唐·杜甫

永日不可暮，炎蒸毒我肠。
安得万里风，飘飖吹我裳。
昊天出华月，茂林延疏光。
仲夏苦夜短，开轩纳微凉。

赏析：这首诗描写了作者在窗前纳凉时的情景，开头的两句表达了作者对酷暑的厌烦之情，随后则是表达了作者对清凉晚风的期盼。诗中的“毒”指的是酷暑难耐的意思。

【主讲人：王准 湖北省社科院楚文化所 副研究员】

时

「小时」一词里为什么是「小」而不是「大」？

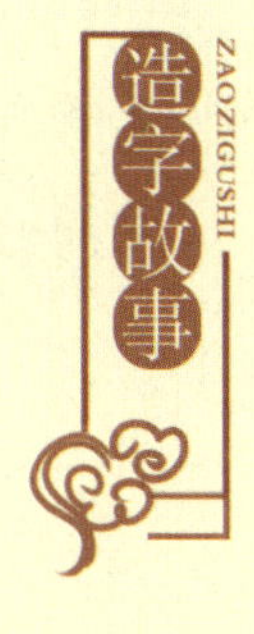

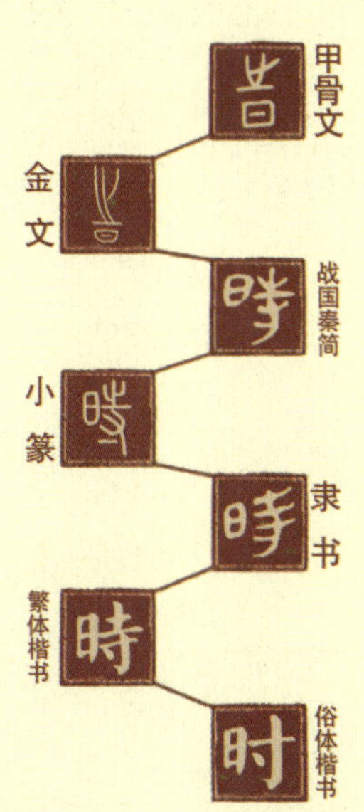

甲骨文的“时”字上面是一个脚板，也就是“止”，脚板从一个地方“一”出发，去往别的地方。这个字后来写成我们常说的“之乎者也”的“之”。“之”在古代常常表示“往什么地方”或“到什么地方去”的意

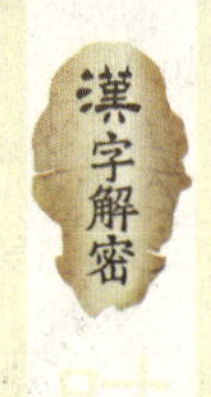

思。“之”字下面是一个“日”，就是太阳。之和日一起构成“时”，意思是太阳像脚板一样在运动，太阳的运动就是“时”。我们知道古代的人们是通过观察太阳的运行规律来判断“时”的。为什么要观察太阳的运行规律呢？因为农业耕作是离不开太阳的。我们今天还在说“万物生长靠太阳”。太阳就是古代人们的“时”，“时”首先是“农时”，是第一重要的时。

到了战国时代，出现了加了一个“寸”的“时”，小篆的字形就是一个加了“寸”的时字。这也就是我们今天简化字形体的由来。

子时、丑时这些说法里面的“时”是怎么回事呢？原来古人观察天象，总结规律，把太阳一天，也就是一昼夜之内的变化分为十二个“时”，然后把这十二个“时”分别跟十二地支，也就是“子丑寅卯辰巳午未申酉戌亥”对应起来，于是就有了子时、丑时之类的说法。“时辰”是这十二个不同的“时”的另一种叫法，它们其实是同一个概念。古人把一天分为十二个时辰，我们今天把一天分为二十四个小时，这是把一昼夜分成了二十四个单位，小时只有“时辰”的一半，所以叫作“小时”。

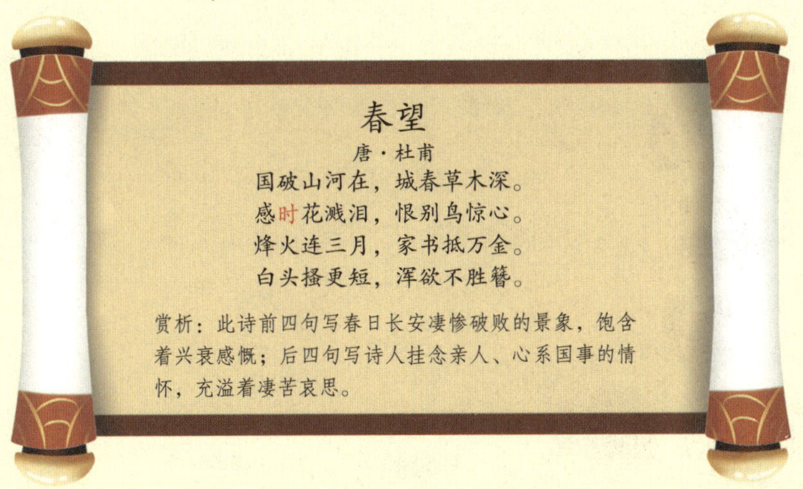

春望

唐·杜甫

国破山河在，城春草木深。
感时花溅泪，恨别鸟惊心。
烽火连三月，家书抵万金。
白头搔更短，浑欲不胜簪。

赏析：此诗前四句写春日长安凄惨破败的景象，饱含着兴衰感慨；后四句写诗人挂念亲人、心系国事的情怀，充溢着凄苦哀思。

【主讲人：黄雪晴 武汉理工大学汉语言学系 讲师】

间

原来『间』和『闲』还有着不小的渊源！

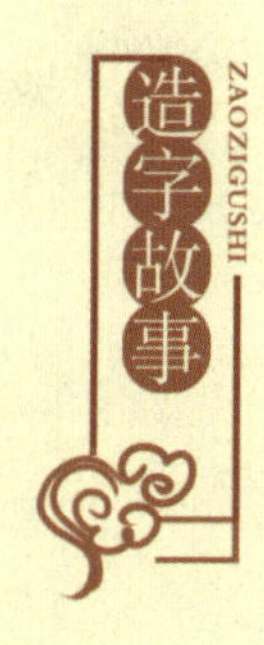

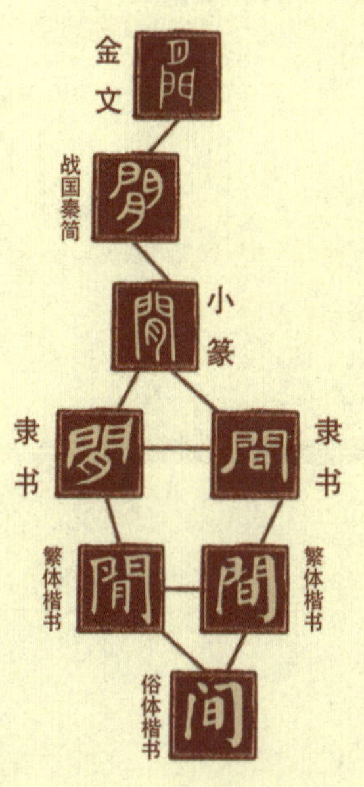

间（jiān）是一个多音字，早期的“间”字里面写的并不是“日”字，而是一个“月”字。西周金文里的“间”是一个上下结构的字，上面是一个象形的月，下面是一个象形的门。月光从两扇门板的门缝里照进来，这就是

“閒”。“间”的本义是“缝隙、间隙”。月光和日光都可以从门缝透进来，所以这个字后来也写作一个门一个日。今天，我们用的就是一个门一个日的“间”字。

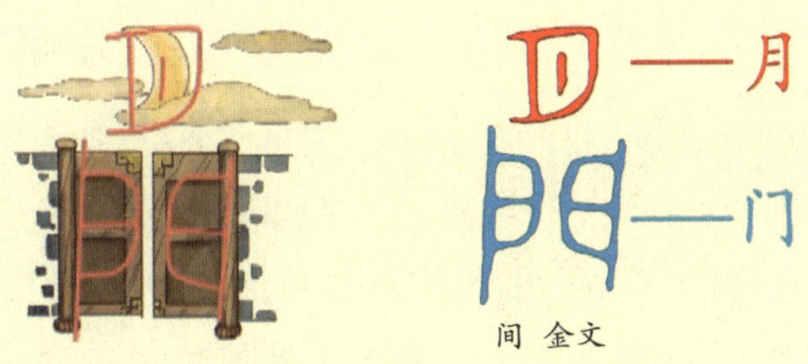

间 金文

空间上有缝隙叫做“閒”（jiān），时间上有缝隙也用这个字形表示，但最初人们读的时候呢，习惯上把时间上的缝隙读作 xián，就是“空閒（闲）”的意思。由于“空闲、悠闲”的意义比较常见，人们用得也比较多，所以就借用一个门一个木字的“闲”来代替了一个门一个月字的“閒”。

不管是 jiān 还是 xián，从声调来说，都是平声的读法，都表示缝隙，只是一个是空间上的缝隙，一个是时间上的缝隙。后来为了区分，就把表示空间上的缝隙的“閒”读作去声的 jiàn，并且扩大范围表示所有的缝隙。人与人关系非常好，开心的事一起分享，痛苦的事一起承担，这叫作“亲密无间”。相反，如果原本关系比较好的两个人之间有了缝隙，这就是嫌隙、隔阂。如果这种嫌隙、隔阂是人为制造的，这就是离间。而以“制造隔阂、制造嫌隙”为职业的人呢，就叫作“间谍”。

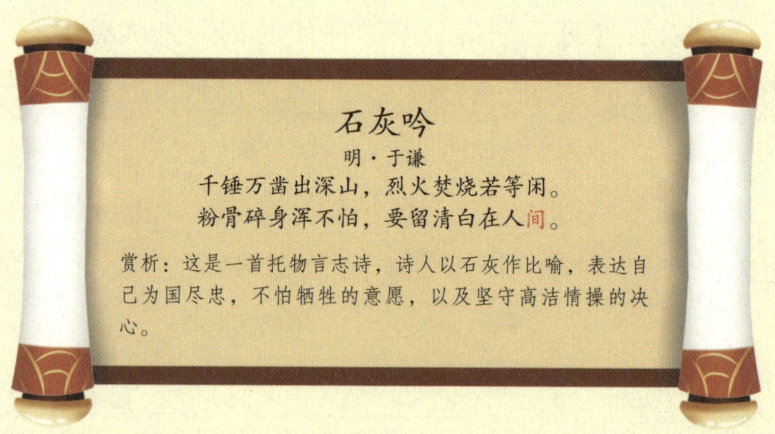

石灰吟

明 · 于谦

千锤万凿出深山，烈火焚烧若等闲。

粉骨碎身浑不怕，要留清白在人间。

赏析：这是一首托物言志诗，诗人以石灰作比喻，表达自己为国尽忠，不怕牺牲的意愿，以及坚守高洁情操的决心。

【主讲人：黄雪晴 武汉理工大学汉语言学系 讲师】

辰

『辰』字的古文字形里竟然有蚌壳的形象！

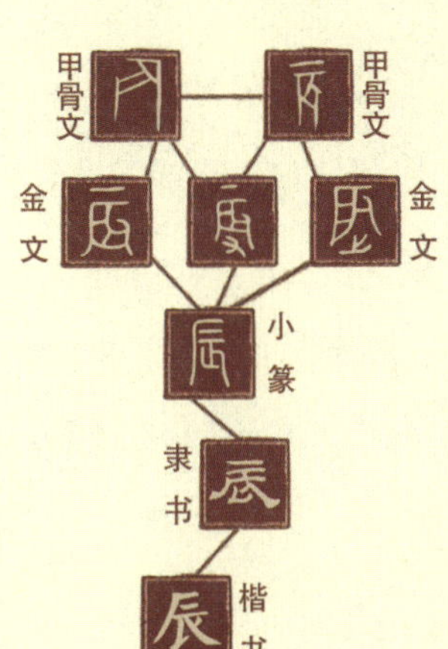

甲骨文的“辰”字形较多，我们来看典型的两种，一般认为“辰”是一个象形字，像一个大蚌壳的形体，在上古时期，可以当做耕地的工具来使用。

西周金文中“辰”的字形也很多，比如这几

种：第一种字形跟甲骨文比较接近。由于耕地需要下地用手来操作工具，所以金文中第二个字形在“辰”字的下面加上一只手的字形，第三个字形在“辰”下加一个“止”的字形。

辰 金文1　　辰 金文2　　辰 金文3

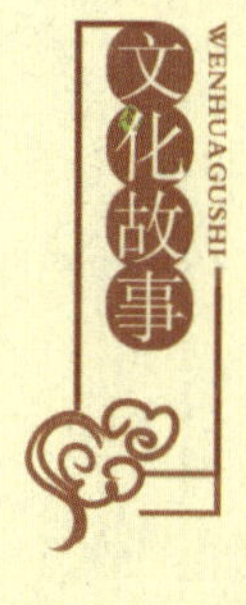

由于天象跟农事有着直接关系，人们通过观察日、月、星的运行规律来掌握农事安排，所以就用农具“辰”来统称日月星，后来也统称天上所有的星星，这就是“星辰”。一般来说，“辰”是对星星的总称，但有一颗星可以单独称为“辰”，这就是北极星。先秦《尔雅·释天》里面就有：“北极谓之北辰。”

北极星距离地球较远，通过肉眼是观察不到它的位置变动的，从地球上去看北极星，北极星的位置一年四季似乎都是不动的。因此，在古人的眼里，北极星也是天空中最尊贵的星。《论语》里说：“子曰：‘为政以德，譬如北辰，居其所而众星共之。’”说的是君王用德政治理国家，就会像那北极星一样，永远处在一个一定的位置不改变，同时所有的星星都会围绕着它，也就是天下都来归顺的意思。

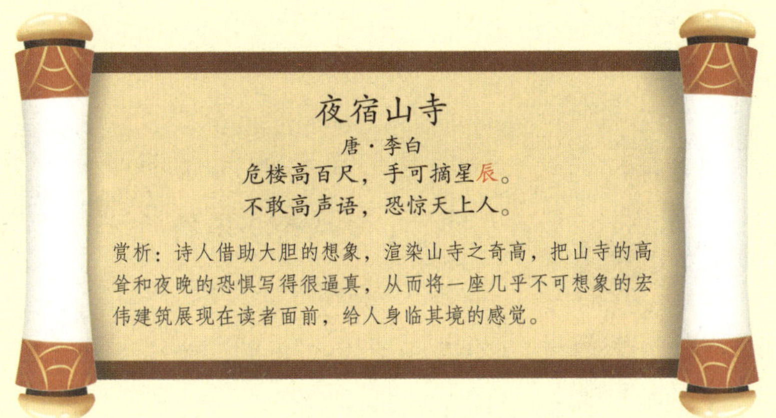

【主讲人：黄雪晴 武汉理工大学汉语言学系 讲师】

历

带你认识远古『历』，像人走过庄稼地！

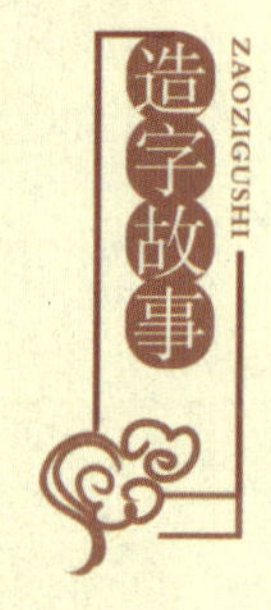

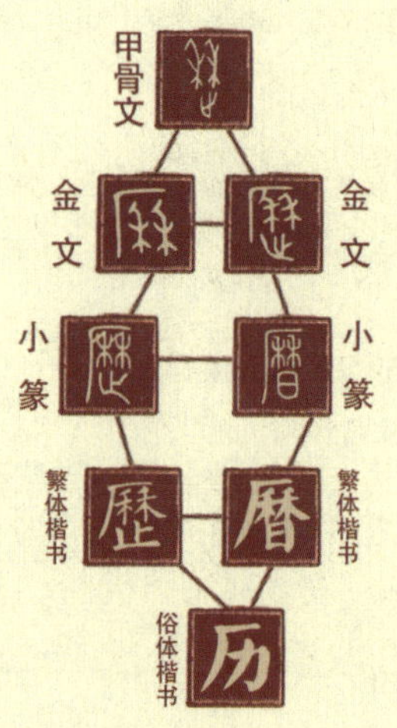

我们今天的简化字“历”，是从两个不同的繁体字简化统一而来。一个是历史的“历”，繁体写作“歷”；另一个是日历的“历”，繁体写作“曆”。我们先来看“歷”。甲骨文的“歷”上面是两束禾苗的形体，

也就是“秝”（lì）。《说文解字》说道：“秝，稀疏适也。”是用两束象形的禾苗表示禾苗之间的距离稀疏均匀的状态，所以“歷”有均匀、清晰有序的意思。

到了西周金文中，“歷”的字形有的没有下面的“止”，上面多了一个“厂（hàn）”，有的下面有“止”，上面同样多了一个“厂”。“厂”的甲骨文表示悬崖。到了小篆字形，形体就跟现在差不多了。悬崖的下面是有遮蔽的作用的，可以遮风挡雨挡太阳，“厤”就是表示在悬崖下边，打理收割回来的禾苗。

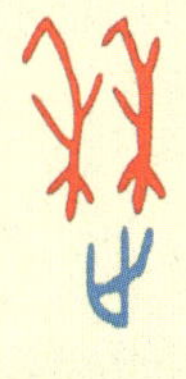

歷 甲骨文

歷 金文1

歷 金文2

先民们通过观察太阳在天空中位置的不同，把一年分为四时，又把一天分为十二时，所以太阳的运行规律与古人心中的“时”是息息相关的。所以古人也用下面是日的“曆”字来专门表示时间上的经历、经过。另外，太阳本身和脚板一样是可以有序移动的，所以用表示太阳的“日”代替表示脚板的“止”，写成“曆”就好理解了。

到了现代汉语的简化汉字中，把这两个字形合二为一，省略了表示两束禾苗的“秝”，省掉了“日”或者“止”，保留了表示悬崖的“厂”，同时在下面加了一个表示声音的“力气”的“力”，简化汉字里的“历”就成了一个形声字。

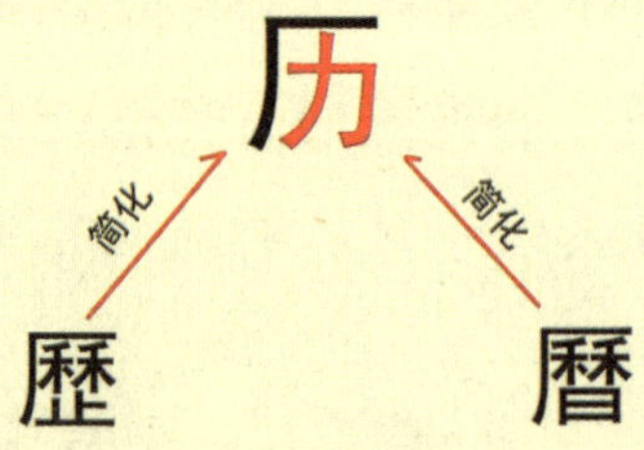

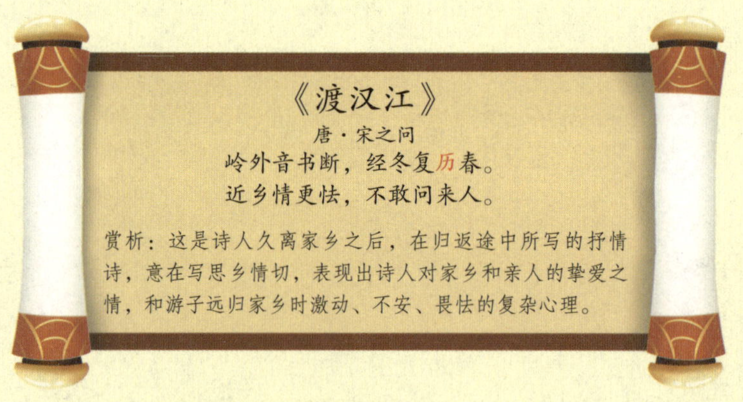

《渡汉江》

唐·宋之问

岭外音书断，经冬复历春。
近乡情更怯，不敢问来人。

赏析：这是诗人久离家乡之后，在归返途中所写的抒情诗，意在写思乡情切，表现出诗人对家乡和亲人的挚爱之情，和游子远归家乡时激动、不安、畏怯的复杂心理。

【主讲人：黄雪晴 武汉理工大学汉语言学系 讲师】

即

原来『即』和『既』的古文字描绘的是古人吃饭的状态！

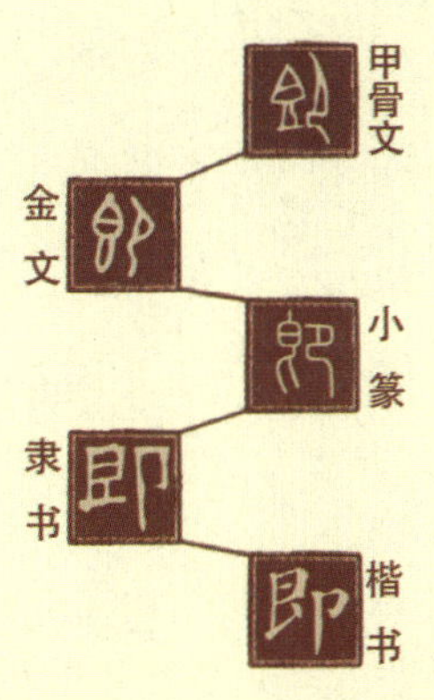

甲骨文的“即”左边是一个食盒，就是食物的“食”。这个“食”字下面是豆，上面是堆起来的饭，再上面是一个倒着的张开的口。“即”字的左边去掉了上面的那个倒着的张开的口，留下了装满饭的豆。右边是一个向

着食盒坐着的人。为什么说是他的朝向是面向食盒呢？我们可以从字形里清楚地看到，这个人的膝盖的方向是朝向食盒的。所以，“即”的本义是说一个人面对着食盒，准备吃饭了。

金文的“即”承续了甲骨文字形，小篆的“即”左边表示食盒的形体发生了变化。

食 甲骨文

即 甲骨文

即 金文

即 小篆

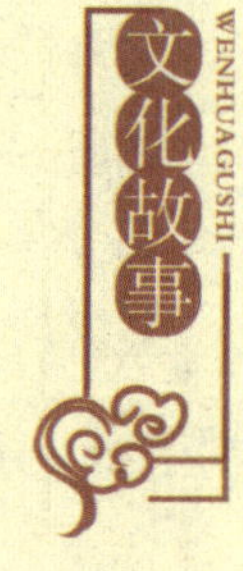

从时间上来说，准备吃就是还没有吃，但即将要吃。这就是一个将来要发生的状态，并且是马上就要发生。所以“即”有立刻、马上的意思，“即”字就好比英语中的将来时。

还有一个“既然”的“既”字，它表示事情已经发生了，就好比英语中的完成时。“既”的甲骨文左边也是一个食盒，右边同样是一个坐着的人，膝盖也是朝着食盒的。

但是这个字形跟“即”的甲骨文字形还是有区别的，区别就在这个人的头部。“既”字右边的人，突出了头部的朝向，这是一个身体朝着前面的食盒，但张着嘴的头刻意扭向后面的一个形体。刚才我们讲了，“即”是面对着食盒，准备吃饭。“既”和它相反，是已经吃完了，并且把头扭向一边，不吃了。

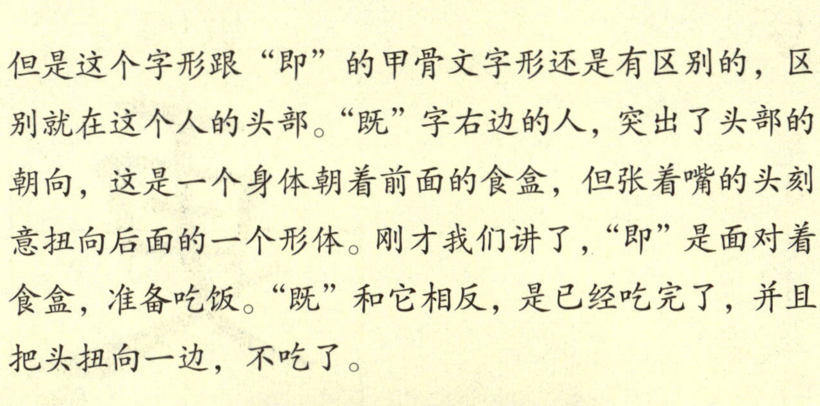

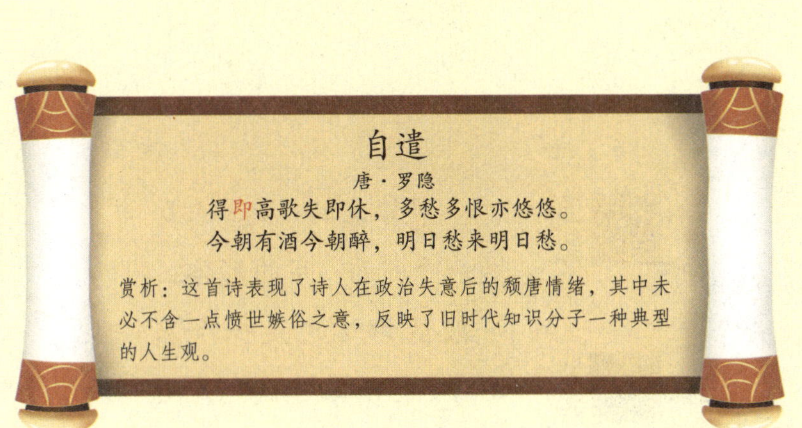

自遣

唐·罗隐

得即高歌失即休，多愁多恨亦悠悠。
今朝有酒今朝醉，明日愁来明日愁。

赏析：这首诗表现了诗人在政治失意后的颓唐情绪，其中未必不含一点愤世嫉俗之意，反映了旧时代知识分子一种典型的人生观。

【主讲人：黄雪晴 武汉理工大学汉语言学系 讲师】

更

『三更半夜』里面的『三更』究竟是什么时候？

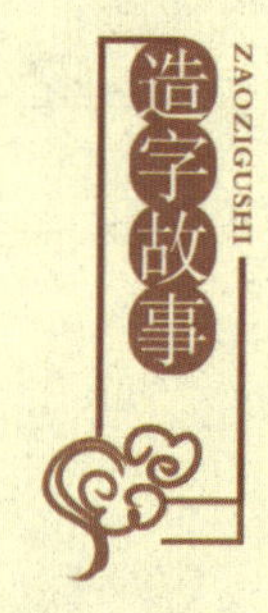

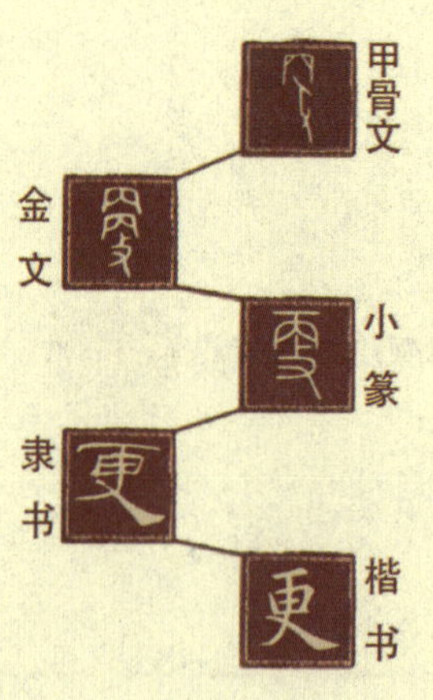

甲骨文的“更”上面是一个“丙”字的形体，一般认为这也是一个象形字，具体像什么呢？这一点还没有定论，有学者认为像鱼尾，有学者认为像一个器物的底座，还有一些其他的说法。“更”字的下面是一只手拿着一根小棍，这是一个“支”字，在有的汉字里也写作“攵”。攴（攵）就是扑，表示手拿着工具做出驱赶、敲打、拨动等跟手有关的动作。一只手拿着一根小棍去拨动、翻动一个东西，这就是“更改、更换”。

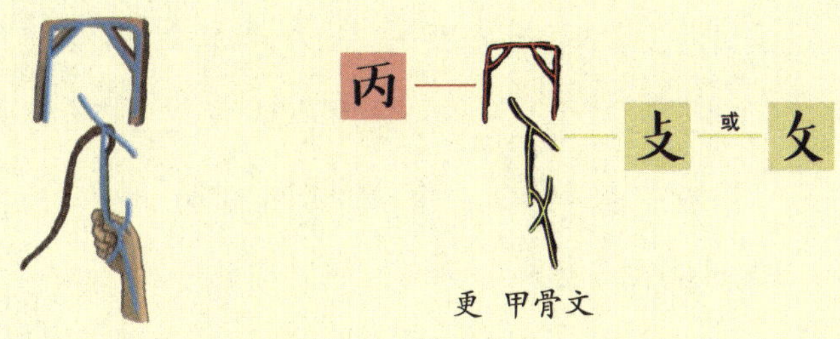

更 甲骨文

西周金文里又出现了上面是两个“丙”的字形，一般认为，两个“丙”是进一步表达更改的意思。用一个物体去替换另一物体，发生换位。小篆字形又恢复为一个“丙”一个“攴”的形体。

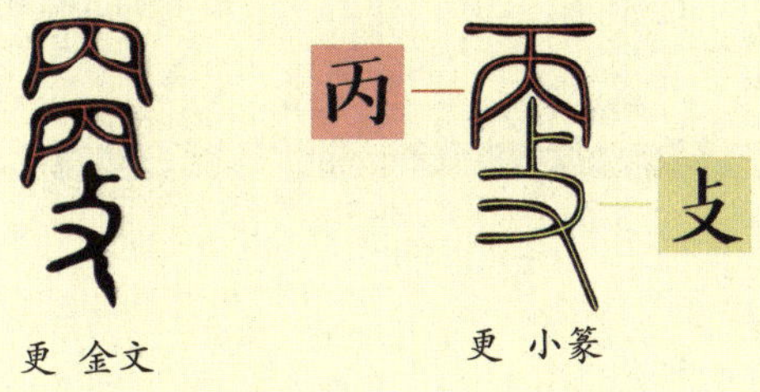

更 金文　　更 小篆

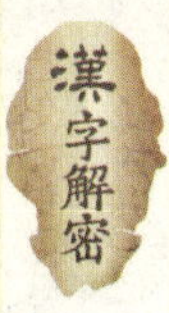

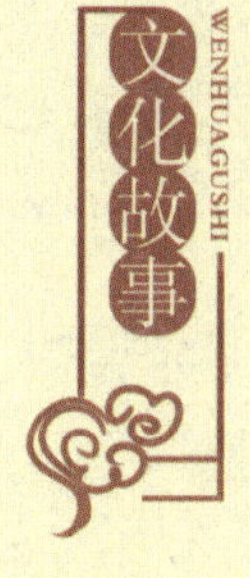

有一个词叫“三更半夜”，这个词里面的“更”是表示时间的，因为时间是不停更替的。所以，“更”也被用来表示古代夜间的计时单位。古人把一个晚上的时间分为五更，古时一昼夜被分为十二时，分别用十二地支表示，一般认为，从戌时到寅时是完全属于夜晚的，这段时间被分为五个单位，称作“更”，每更两个小时。这五个单位分别对应的时间是：戌时是一更天，相当于我们今天的19—21点；亥时是二更天，相当于21—23点；子时是三更天，相当于23—1点；丑时是四更天，相当于1—3点；寅时是五更天，相当于3—5点。由此可知，“三更半夜”里面的“三更”指的是晚上23点到第二天凌晨1点。

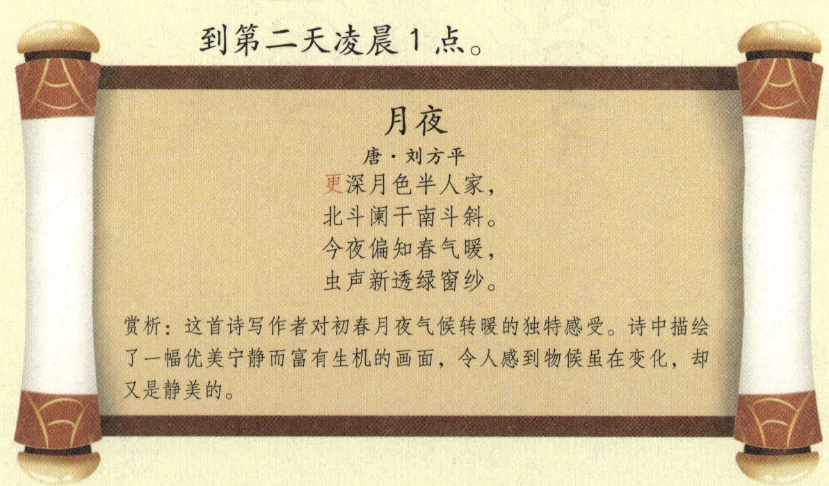

月夜

唐·刘方平

更深月色半人家，
北斗阑干南斗斜。
今夜偏知春气暖，
虫声新透绿窗纱。

赏析：这首诗写作者对初春月夜气候转暖的独特感受。诗中描绘了一幅优美宁静而富有生机的画面，令人感到物候虽在变化，却又是静美的。

【主讲人：黄雪晴 武汉理工大学汉语言学系 讲师】

行

『行』为什么既可以表示道路，又可以表示走路呢？

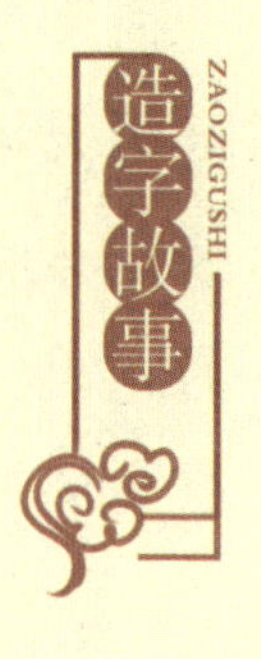

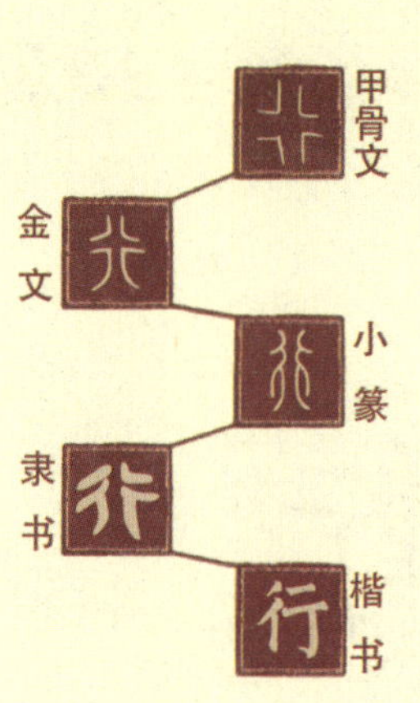

“行”是一个象形字。甲骨文的字体用一个十字路口的形状来表示。金文的写法与甲骨文相近。字形发展到小篆，“行”的写法发生了较大变化，已经很难看出最初道路的模样了。隶书的字形更接近甲骨文和金文。楷书进一步线条化，右半边变得平直，逐渐演变为今天的“行”字。

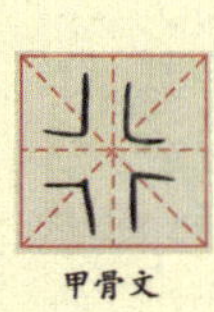
甲骨文

“行”的本义是道路，所以很多含有“彳”（chì）旁的字都与道路有关，比如说最常见的就是街道的“街”字，它偏重指城市里的大道，唐代诗人白居易在《谕友》诗中曾经写道：“西望长安城，歌钟十二街。”说的就是长安皇城内五横七纵的十二条大街，当时人们往往以“十二街”作为长安街的总称。从“彳”的字还有“衢”字，它的本义是指四通八达的街道。通常只有宽阔的大路才可以称为“衢”或者“通衢”。街、衢这些字意义相关，它们的含义中或多或少都有着街道、道路的意思，原因就在于它们所从的是“彳”这个与“行”有关的汉字偏旁。

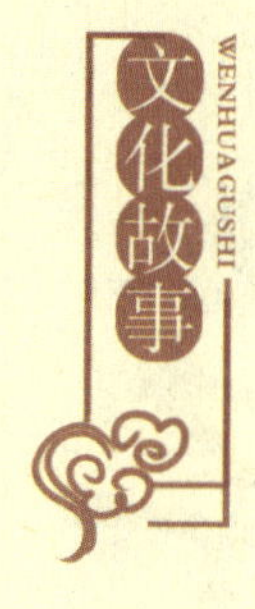

“行”字后来怎么引申出行走的意思呢？我们知道这个“行”表示道路，鲁迅先生在他的小说《故乡》的结尾写道：“其实地上本没有路，走的人多了，也便成了路。”这句话虽然简单，却包含了非常深刻的哲理，路是人走出来的，所以“行”自然就引申出人们行走的意思。

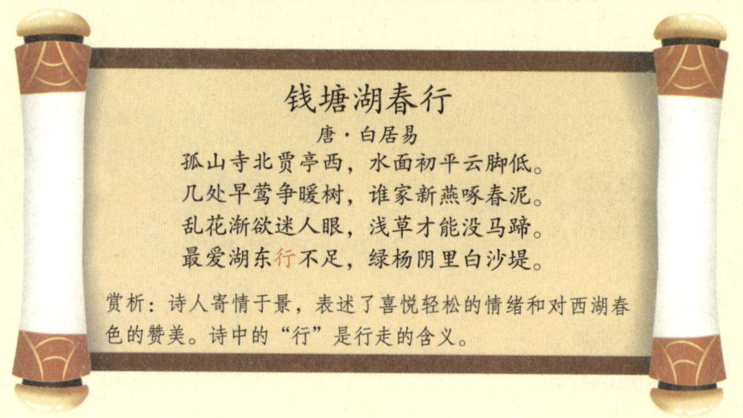

钱塘湖春行

唐·白居易

孤山寺北贾亭西，水面初平云脚低。
几处早莺争暖树，谁家新燕啄春泥。
乱花渐欲迷人眼，浅草才能没马蹄。
最爱湖东行不足，绿杨阴里白沙堤。

赏析：诗人寄情于景，表述了喜悦轻松的情绪和对西湖春色的赞美。诗中的“行”是行走的含义。

【主讲人：王准 湖北省社科院楚文化所 副研究员】

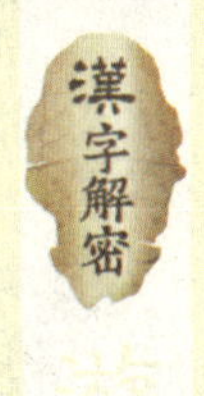

游

『游』扛起旗帜一起看世界。

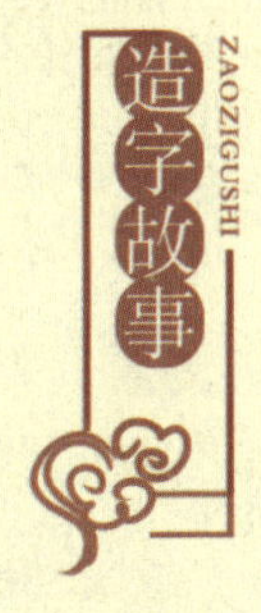

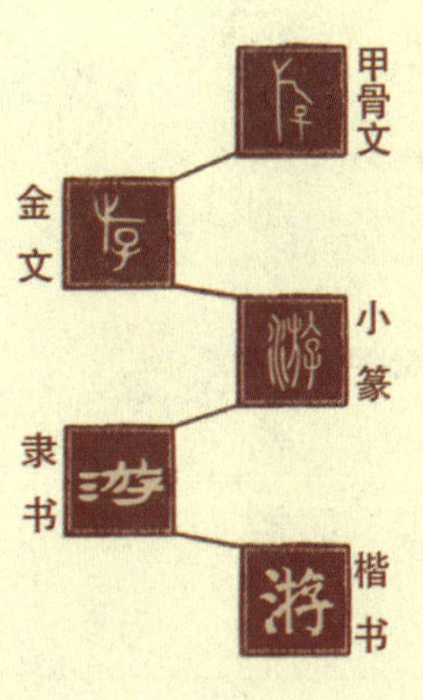

“游”字的甲骨文字形左边像一根飘扬着旗帜的旗杆，旗帜的下面有个小人的样子。在“游”字的金文中，旗杆的顶端有三个分叉，表示旗杆顶部的装饰物，整个字形仍然是小孩手上拿着飘舞的旌旗的样子。在战国简牍文字中，演变出“游”另外一个字形——“遊”。到了小篆字形，“游”字中间的结构就固定下来了，隶书字形的“游”字将左边的“水”，简写成三点水，“游”的楷书字形，承袭隶书字形，笔画进一步平直。

为什么表示出游、游玩意思的“游”字，在其字形中是手上举着旗子呢？这来源于古人出行的方式，古代贵族们出行的时候，因为路途遥远，不得不把所需的物品和仆人都带着走，这就形成了一个庞大的车队。为了让车队不走散，便由前面开路的车或人举旗，后面的车和人就跟着旗子走。同时他们会在旗帜上绘以该贵族的族徽或者名号，旗帜末端再配以表示爵位的飘带，这样就可以让在目的地迎接他们的人顺利地找到他们。

游 甲骨文　　游 金文

由此，我们很容易就能明白“游玩”与“举旗帜”的联系，在现代生活中我们在参加旅游团的时候，导游通常会手举小旗子带领旅游团的成员进行游览，这种做法倒是与古人有异曲同工之妙。

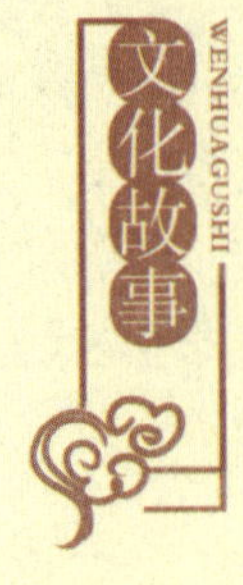

夏商时期，当时外出旅行的多是行走四方的商人，到了东周时期随着道路交通条件的改善，出远门旅行变得越来越普遍。在《韩诗外传》中就有记载“齐景公游于海上而乐之，六月不归”。这位齐国的齐景公为了旅行半年不回国，这应该算是一位发烧级“驴友”了。

此外，秦始皇统一六国之后在 12 年之内 5 次巡游全国，总行程有上万公里，这在古代堪称旅游史上的一个奇迹。孔子曾经感慨地说：“智者乐水，仁者乐山。”世界那么大，我想去看看！也许古代的人们也有这种周游世界的梦想吧。

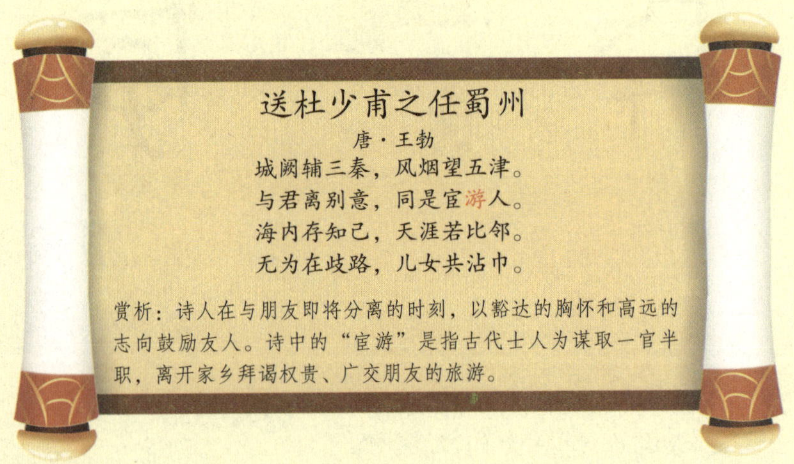

送杜少甫之任蜀州

唐·王勃

城阙辅三秦，风烟望五津。
与君离别意，同是宦游人。
海内存知己，天涯若比邻。
无为在歧路，儿女共沾巾。

赏析：诗人在与朋友即将分离的时刻，以豁达的胸怀和高远的志向鼓励友人。诗中的“宦游”是指古代士人为谋取一官半职，离开家乡拜谒权贵、广交朋友的旅游。

【主讲人：王准 湖北省社科院楚文化所 副研究员】

送

sòng

送

古人相送有什么讲究呢？

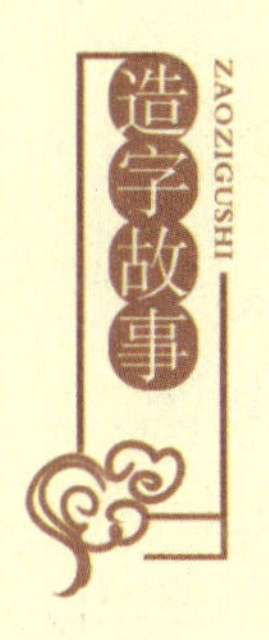

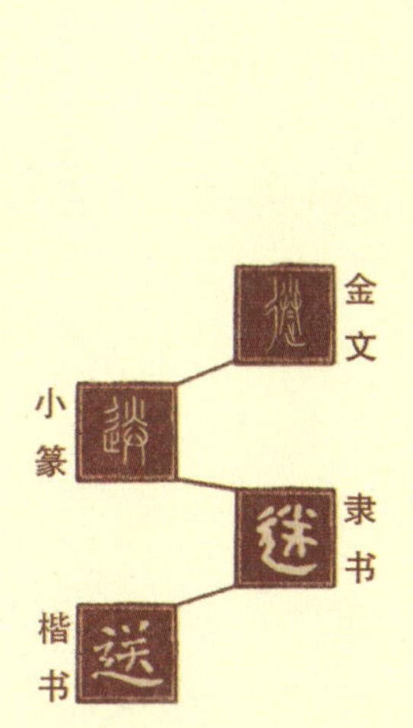

“送”字在古代文字中出现的比较晚，“送”的金文是一个形声字，左半部是行走的“行”字的半边，与右边最底下的“止”字共同构成了一个“辵（chuò）”字旁，在古代汉语中行走的“行”字原本表示道路，如果再

加上表示人的脚的“止”，这样就非常形象地表示了人走路出行的意思了。“送”的小篆字形，左边从“辵”，

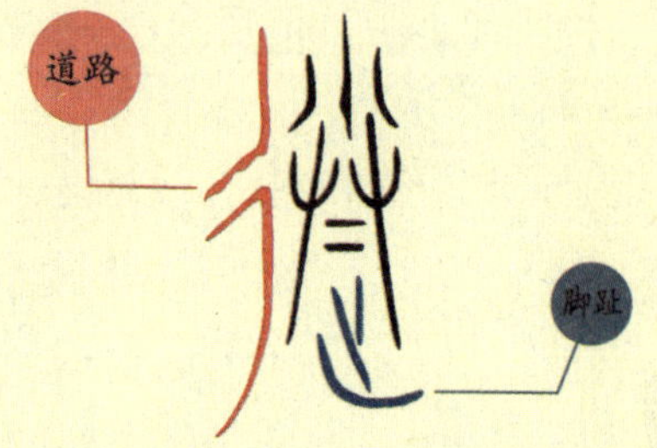

右边从“灷”，它的隶书字形发生了很大的变化，“送”字所从的“辵”逐渐简写成“辶”，右上角“火”字下边的撇、捺演变成为一横，上边变成三点，原本“火”字下方的两只手就写成一个“大”字形。接下来在楷书字形里，三点变两点，整体字形非常像一个“关”字，这就和我们现在看到的“送”十分接近了。

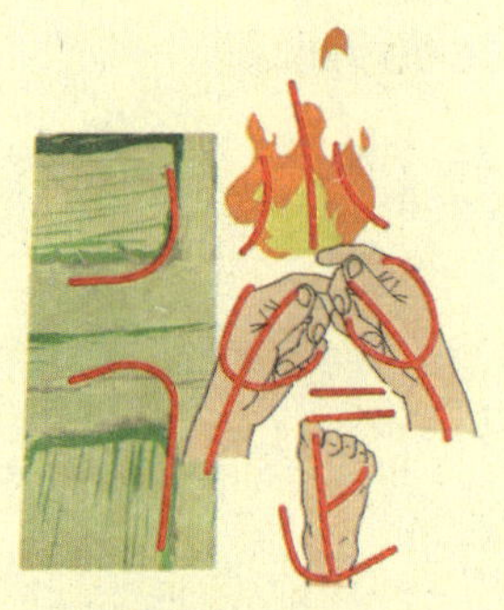

《说文解字》里注解道：“送，遣也。”所以，“送”字最基本的含义就是指遣送、送亲或者派遣。而在“送”字的早期字形里，“辵”字旁恰好是表示人行走在路上的含义，之后随着汉字逐渐简化，“辵”字旁简写成我们熟悉的“辶”，所以很多从“辵”的汉字大多都与此意象有关，比如过来的“过”，遇见的“遇”等。

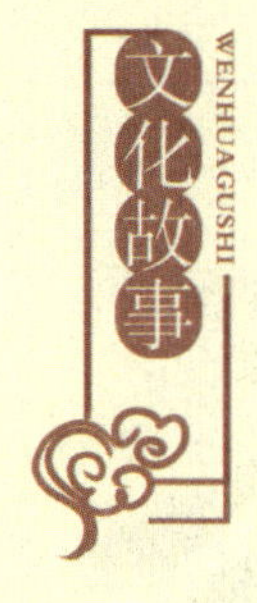

在《春秋》庄公元年记载说：周王的大臣单伯“送”周王之女出嫁到齐国，这可不是简单的送行或者陪送，而是指王女出嫁时非常隆重的送亲仪式，所以后来从遣送、送亲的“送”字还引申出了陪送、送行、传送、馈赠等其它引申含义，并且这些语义到现在仍然十分常用。那么古人在送别时究竟有哪些习俗呢？其中最为重要的就是，出门之前亲友要为出行的人设酒送行，称之为“饯行”。战国末年，当时荆轲在出发到秦国之前，燕太子丹在易水之上为他饯行，荆轲在酒宴上饮酒放歌，还唱出了“风萧萧兮易水寒，壮士一去兮不复还”的千古绝句。

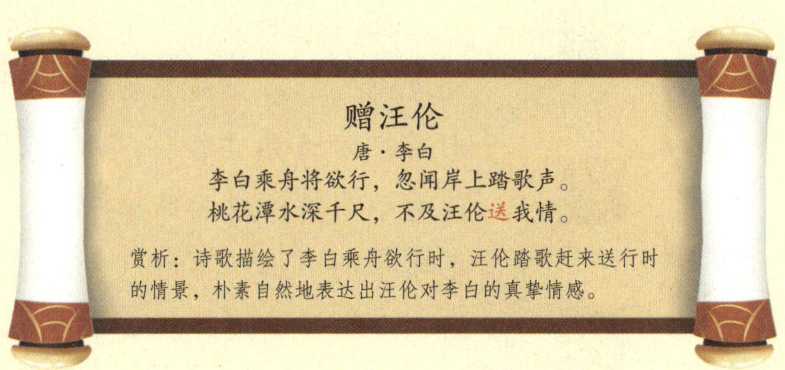
赠汪伦

唐·李白

李白乘舟将欲行，忽闻岸上踏歌声。
桃花潭水深千尺，不及汪伦送我情。

赏析：诗歌描绘了李白乘舟欲行时，汪伦踏歌赶来送行时的情景，朴素自然地表达出汪伦对李白的真挚情感。

【主讲人：王准 湖北省社科院楚文化所 副研究员】

路

道路始于每个人的脚下。

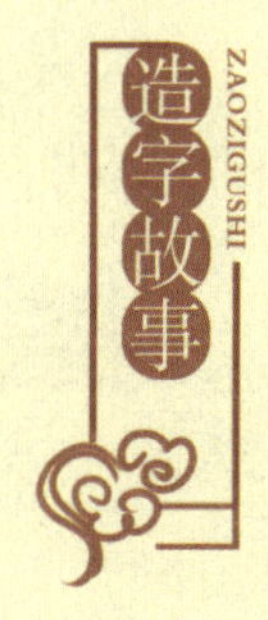

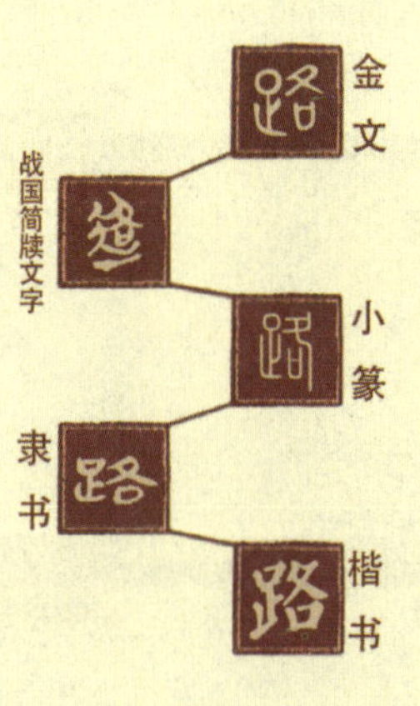

“路”在西周金文中左边从“足”，这是它的形符；右边是“各”，是它的声符。战国简牍文字中的“路”字所从的“足”一般被替换成“辵”（chuò）。为什么会有这样的变化呢？因为“辵”就像人的脚踩

在道路上的形象，所以表示行走的意思，这跟“足”的意思相通。所以二者作构字偏旁可以替换。小篆字形中的“路”字，又恢复了从“足”的字形。在隶书和楷书字形中，“路”字都没有太大的变化。

战国简牍文字

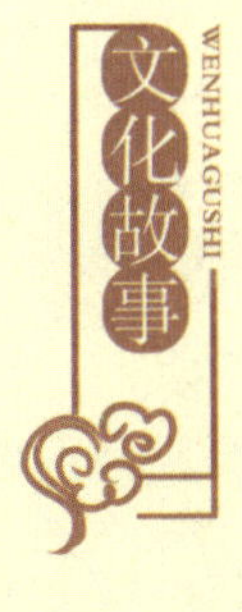

西汉时期汉武帝派张骞出使西域，逐渐开辟出以长安为起点，经过当时的西域，然后抵达今天的中亚、西亚乃至于地中海地区的这条陆上通道，因为丝绸是沿路交易的最重要的商品，所以被后世人们命名为“丝绸之路”。同时中国的海上航路也逐渐变得发达起来，可以抵达到南洋、阿拉伯海甚至非洲的东海岸，这些海路的航线被称之为“海上

丝绸之路”。

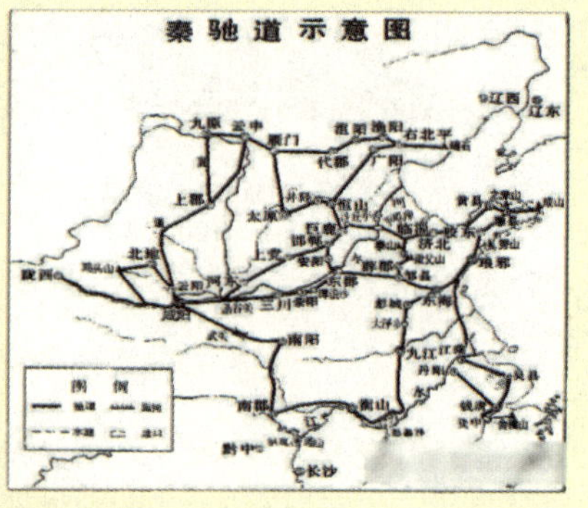

我国历史上最早的“国道”，始于秦朝，一般称之为秦驰道。根据咸阳市发现的秦驰道遗迹，宽度最宽有50米，这简直就是当时的高速公路了。秦驰道的路面，用铁锤进行夯筑，而且中间是隆起的，雨水自然分流到道路两旁，这反映了当时的道路修筑技术，已经有了很大的进步。秦始皇曾经五次巡游天下，车队浩浩荡荡，大多数走的都是秦驰道。

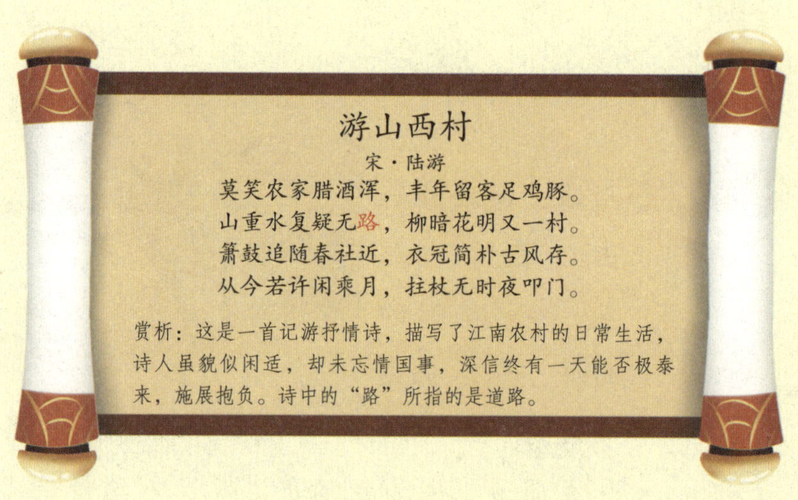

【主讲人：王准 湖北省社科院楚文化所 副研究员】

舟

小小的木船带着人们去往远方。

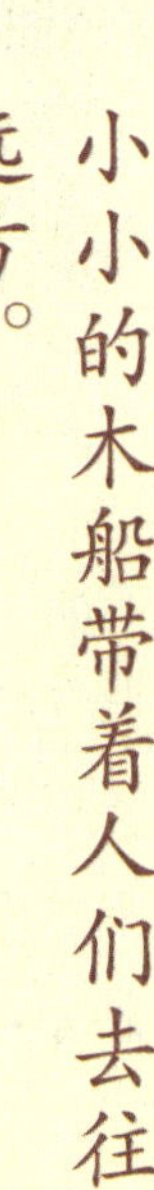

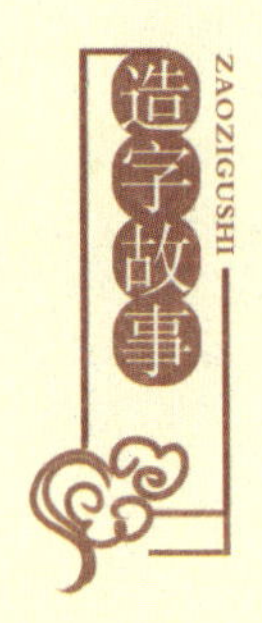

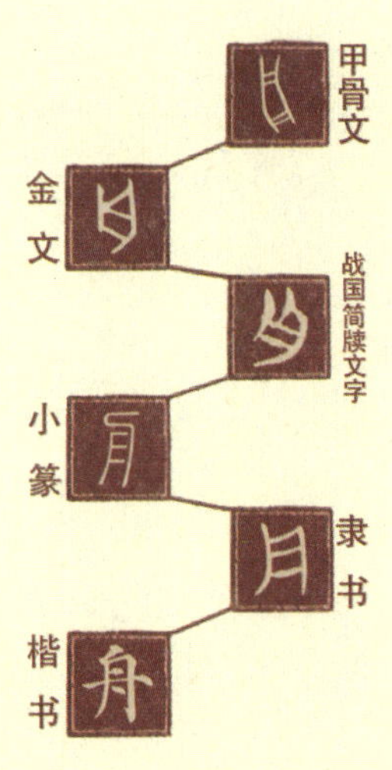

“舟”是典型的象形字，在甲骨文中就像一艘独木舟的形象。左右两边的弯曲笔画就像小舟两侧的船舷，中间的横笔就像狭小的船舱。这个字形实在是太形象了，以至于后来的字形没有发生根本性的变化。西周金文中

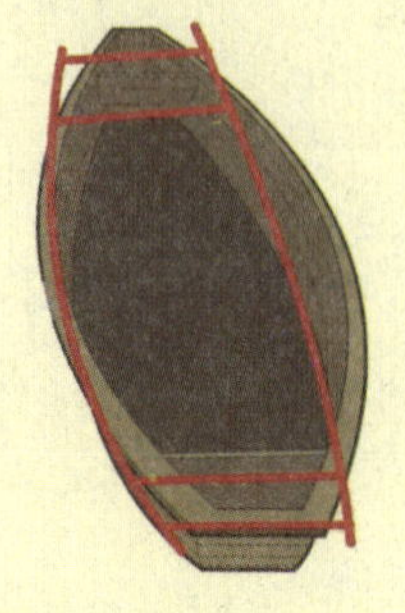

的“舟”字，字形已经简化，但两条弯曲的船舷，还有船舱的构形仍然保留下来。到了战国简牍文字中，“舟”字头上的一撇已经能看到一个雏形了。在小篆中笔画变得更加圆润，顶上的一撇也变得更加突出。汉代隶书的“舟”字变化不大。唐代楷体的“舟”字，已经与今天一样了。

那么历史上的第一艘独木舟是什么时候出现的呢？从考古发现来看，2002 年杭州萧山跨湖桥遗址的新发现也许能给我们一个答案。考古学家在这个遗址中发现了一艘长达 5.6 米的独木舟实物，时代距今约 7600 年，是迄今出土的世界上最早的独木舟，比商代还要早近四千年。所以在甲骨文中出现“舟”字形象也就不奇怪了，因为毕竟舟在人们的生活中已经使用了数千年之久。

有一个成语叫做“刻舟求剑”，说的是楚国人坐船的故事，比喻做事固执己见、不知变通。另外一个成语“风雨同舟”，来源于《孙子兵法》，是用来形容吴越两个国家的人民虽然互相交恶，但是大家坐在同一条船上的时候，还是尽弃前嫌、齐心协力，后人就用来比喻共同渡过困难。

刻舟求剑

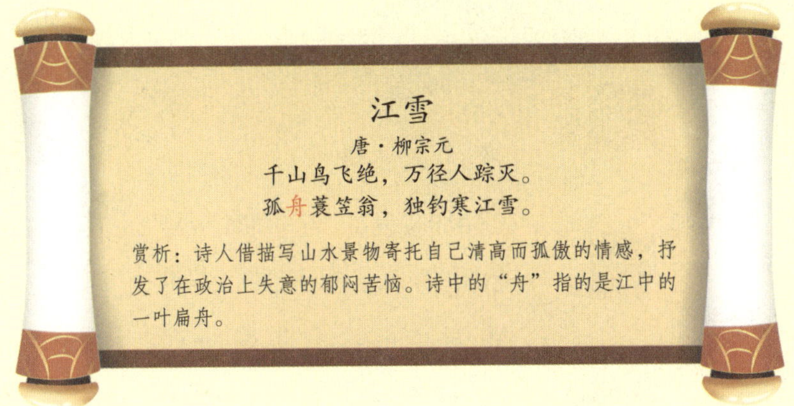

江雪

唐·柳宗元

千山鸟飞绝，万径人踪灭。
孤舟蓑笠翁，独钓寒江雪。

赏析：诗人借描写山水景物寄托自己清高而孤傲的情感，抒发了在政治上失意的郁闷苦恼。诗中的“舟”指的是江中的一叶扁舟。

【主讲人：王准 湖北省社科院楚文化所 副研究员】

宿

古人是怎样安排住宿的呢？

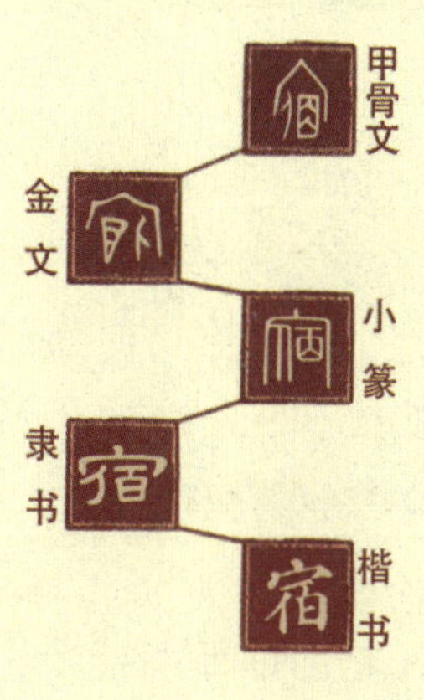

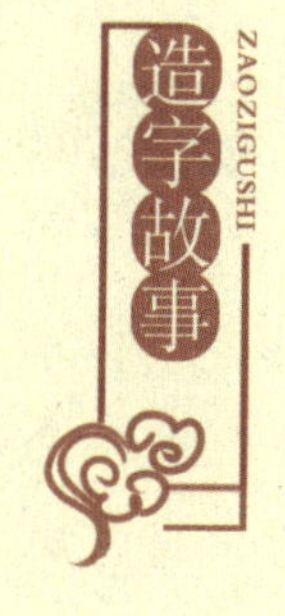

“宿”是一个会意字，在甲骨文中由三个部分组成：上面的尖顶表示房屋；在屋里，左边像一个人，右边像一张席子。席是当时人们坐下或躺着的时候铺垫在下面的必备用品。整个字就像人在屋子里躺在

席子上面睡觉的样子。所以，“宿”的本义就是夜晚睡觉。

从西周金文，到战国古陶文字“宿”的字形没有太大的变化。“宿”的小篆字形，相较古陶文字，字形有变化，但是汉代隶书以后，“宿”的字形就此固定下来。“宿”的楷书字形几乎没有变化。

在《说文解字》中“宿”字的注解是：“宿，止也。”也就是说，“宿”字的本义是停下来，休息。在“宿”的甲骨文字形中，上部是“宀”，这也强调“宿”所指的是卧在家里休息、睡觉的意义。“宿”字由夜晚睡觉，引申出夜晚和住宿两个含义。一方面由于夜晚是满天星辰出没的时候，所以“宿”字引申指天上的星辰、星座，读作宿（xiù）。

另一方面，“宿”有住宿的含义，引申指住宿的地方。又因为住宿会停留在原地，所以“宿”字也产生出停留的意思。

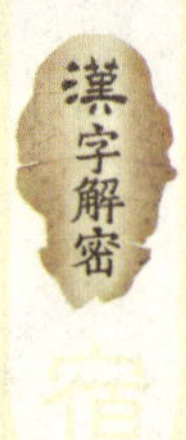

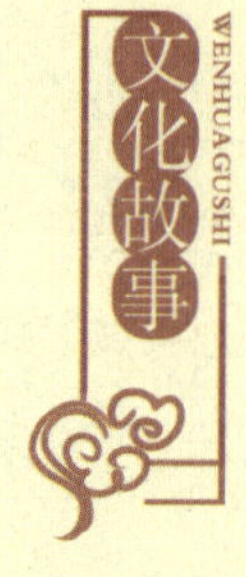

古代的人们在出门旅行的时候，必然面临的一个问题就是住宿还有饮食。早期的旅馆，曾经被称为“逆旅”或者“宿”。所谓“逆旅”，就是迎接旅客的意思。在道路迎接旅客，迎到哪里去呢？当然是迎到住宿的地方。《周礼·地官》记载说：“凡国野之道，十里有庐，庐有饮食；三十里有宿，宿有路室，路室有委；五十里有市，市有候馆，候馆有积。”说的就是在道路沿途，每十里就建有提供饮食的草庐，每三十里、五十里就可以提供住宿还有补给。虽然这在周代的道路上未必都能做到，但是却反映了当时人们对于旅途的一种理想与规划。

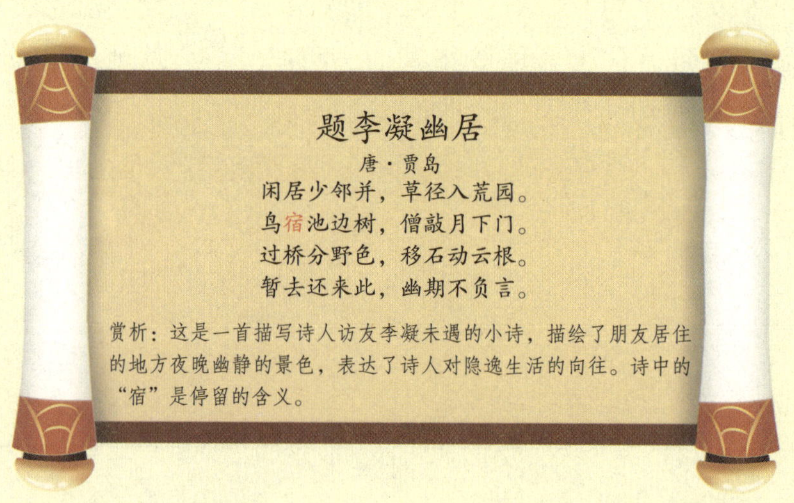

题李凝幽居

唐·贾岛

闲居少邻并，草径入荒园。
鸟宿池边树，僧敲月下门。
过桥分野色，移石动云根。
暂去还来此，幽期不负言。

赏析：这是一首描写诗人访友李凝未遇的小诗，描绘了朋友居住的地方夜晚幽静的景色，表达了诗人对隐逸生活的向往。诗中的“宿”是停留的含义。

【主讲人：王准 湖北省社科院楚文化所 副研究员】